講談社文庫

真理のひびき

天風哲人 新箴言註釈

中村天風

講談社

はじめに

宇宙、生命、人間、人生を貫く原理を捉えている人を、世に聖人といい、覚者《かくしや》とよぶ。
天風《てんぷう》先生は、正にその原理を把握した人であった。
先生の教えをうけた弟子達は、先生を哲人と申し上げ、敬仰《けいぎよう》していた。
天風哲人は、原理を根本に据え、整々たる体系をもつ心身統一法を創見された。
そして人間の正しく活《い》きる道を、具体的に教導すること、半世紀に及んだ。
原理だけを説くと、現実から遊離する。
現象だけに生きると、現象に塗《まみ》れる。
天風哲人は、印度《インド》、ヨガの聖地に難行を積み、ついに悟りという至高体験に到達された稀有《けう》の人である。

哲人は悟りを確信して、生涯を貫き通した信念の人である。

天風哲人が、価値ある人生建築に必要とする日日の心得について書かれたものを、集録したものが本書である。

箴言《しんげん》とは、戒《いまし》めの言葉という意味である。この書には、天風哲人の悟りと哲学が力強くうち込まれている。

天風哲学は、人間を価値高く位置づける。それは人は、心を所有するからである。心は人間と人生を決める重大なはたらきをもつ。

だが人々は、心の重要性に気づかず、ましてや心のあり方や使い方など考えることもしない。その結果、貴重な人生を、苦難の人生へと落としこむのである。

人々がより所としている世間の常識の誤りや甘さを、本書は鋭く衝《つ》いている。そして人々の人生態度の不徹底さを、驚きをもって気づかせてくれる。

哲人の言は、世間にある説教の一片ではない。宇宙、生命を貫く原理に立ち、人間や人生の活き方を示しているのである。

相対的、二義的な言の多い中に、絶対的、第一義に立つ哲人の言は、重みをもって人に迫るのである。

言葉が乱れ、文が深みを失っている現代、哲人の重厚な言葉を、心して含味《がんみ》して欲しい。そして言葉の背後にある深遠な哲理を摑《つか》みとってもらいたい。

現代人は、多くの知識をもちながら、人生に惑う。それは知識（knowledge）のみで、叡智《えいち》（wisdom）に欠けるからである。

叡智は、宇宙や生命や人生の真実に触れたときに、ひらめき出てくるものである。

この書は、真実が響き合う叡智の書である。

心魂《しんこん》を投入して熟読し、これを契機として真人間《しんにんげん》の境に活きられんことを、心から熱望するものであります。

平成八年七月

財団法人天風会会長　杉山彦一

真理のひびき

目次

真理のひびき

天風哲人　新箴言註釈《しんげんちゅうしゃく》

天風1箴言

人生の出来事に對応するその
精神態度が積極か消極かで
其結果の良否が截然と決定される

天

箴言一

人生の出来事に対応するその精神態度が積極か消極かで
其《その》結果の良否が裁然と決定される

The propriety of the means to deal with affairs of our life is determined by our mental attitude whether it is positive or negative.

この箴言に対する理解は、毎年夏の修練会後の第一回の研修科の「こころとは？」という講演を聴かれた人は、特に詳しく説明する必要のないほど、十分に心得ておられることと信ずる。

要約すれば、平素の講習会の講演の際にもしばしば力説するように、人生に対する精神態度が、絶対的に積極化すると、いかなる場合にも、また、いかなることに直面しても、真人《しんじん》としての体面を冒瀆《ぼうとく》することなく、あたかも熟練した技師が精巧な機械を、まるで自己の手足を使うかのように「心」の操縦が大変上手《うま》くゆき、すなわち使うべきものは使い、使うべからざるは使わないという、取捨分別を、適宜《てきぎ》にすることができるからである。これは要するに「心」の操縦の根本的原動力ともいうべき意志の力というものが、あえて求めなくても、自然的に実在意識領に煥発《かんぱつ》されて来るためである。

多くいうまでもなく、人事世事すべての人生のできごとの一切に応接するものは「心」である。

したがって、万一にも、そのときの「心」の態度が消極的であると、そのできごとを完全に処理解決することができなくなるというのは、前記の意志の力なるものが、十分に実在意識領に煥発されてこないからである。

意志の力の煥発が不十分だと、そのできごとに対応する「心」の操縦が完全にできなくなり、反対にそのできごとに「心」がとらわれて、正当な判断や断定が結局不可能になる。

これはつまるところ、使うべき「心」に使われてしまうという、不合理な、憐《あわ》れな結果である。

「心」というものは、厳格にいうと人間のいのちの活きるために使う生命用具であるから、絶対にこれに使われるべきものでない。

煥発＝輝き現れること

それゆえに「心」に使われて活きると、真理の当然の帰結として、人生はたちまちその価値を失う事態に陥《おちい》る。すなわち、**煩悶**《はんもん》や悩みや、悲観や苦労や、あるいは怒りだ怖れだというがごとき陰惨な気持ちに包まれて……。

ところが、この決しておろそかにできない重大な事実を、案外たいていの人が気づいていない。否、自分では「心」を使っているつもりで、実は反対に、心に使われて活きている場合が多い。

その証拠には、ほんとうに、いかなる場合にも明るく朗《ほが》らかに活き活きと勇ましい積極的な精神態度で人生の運命を好転させて、はつらつとして活きている人が極めて少ない。

そして反対に、健康や運命がよくないから「心」がどうしても消極的になると、平然としていう人すらある。

真理は、正にこの反対の反対なのである。すなわち、健康や運命が意のままにならないときほど、「心」の態度をよりいっそう積極的にするのが最も大切で忘れてはならないこと

煩悶＝思い煩うこと

なので、そうすればいわゆる生命の内在力（潜在勢力）が期せずして**湧然《ゆうぜん》**として現れて、健康も運命も、自然と好転してくるというのが、尊厳なる宇宙真理である。

然《しか》るに、健康や運命が思うに任せないというので、その精神態度を消極的にすれば、多々ますますその健康や運命の状態を、不良に陥《おとしい》れる。

これまた、**峻厳犯《しゅんげんおか》すべからざる**自然法則なのである。しかも、この大切な法則を、心ならずもないがしろにする人の多いのは、せんじつめれば、心の統御を平素少しも心がけないか、さもなければ、全然、われら天風会員の日々人生の**刹那《せつな》**刹那に実行しているがごとき「心」の統御法を知らず、ただ漫然《まんぜん》と、その場その場の、いわば出来心で対応しているためである。

否、そうした無準備な、かつ無自覚な状態で人生に活きると、どうしても、使って活きねばならぬ「心」に、ともすると使われてしまうことになるのである。

湧然＝わき出るようなさま

峻厳犯すべからざる＝決して犯してはならない

刹那＝瞬間

すると、前述のような煩悶や悲観等々、あるいは何ものにか頼り、何ものにか依存しないでは活きられぬというような、みじめな気持ちに明け暮れして、大切な人生を、何の価値のないものにする。

というのも、この種の人というのは「心」というものの、実際の**消息**《しょうそこ》を知らないからであると断定してよいと思う。

心というものの実際の消息は、あくまでも人生を完全に生存生活させていくための生命の用具であるから、絶対にこれに使われてはならないのである。

だからこそ、何はともあれ常に、人生に対する精神態度を徹底的に積極的にして、いかなる場合にもその精神態度が絶対的積極化という、尊厳なる状態に到達するよう心してその**践行**《せんこう》に努力すべきである。

要は、現在の自己人生のすべてに対して、自己の「心」が積極か消極かということを厳しく公平に検討して、自己の健康や運命、その他一切の人生のできごとに正しく対応処置す

消息＝事情。ありよう

践行＝実際に行うこと

べきなのである。

天風 2 箴言

價値ある人生に活きるには
先ず人間の本質の尊さを
正しく自覚することが必要である

箴言二

価値ある人生に活きるには　先づ自分の本質の尊さを
正しく自覚することが必要である

If we would desire to live a valuable life, it is essential,
above all, to be rightly aware of the intrinsic value of ourselves.

人の一生は、なんとしても一回限りのものである。

絶対に二生はない。生まれかわったようだということはあるが、それは、ただ観念的に想定した二生なので、現実の二生というものは、決してないのが実際である。

その上にこの世にわれわれの生きている期間というものが、どんなに長生きしても、**久遠永劫**《くおんえいごう》の宇宙生命の長さに比較すれば、むしろ夢一瞬の短いものである。

而《しこう》して、事実がまことに**峻厳**《しゅんげん》かくのごとくである以上は、いかなる場合にも、その生命存在の状態をできうる限り価値高くあらしめねばならない。

もちろん、このくらいのことは、多少なりとも人生を考える人ならば、誰でも考えていることであろうが、しかし、実際について検討すると、案外にも、ほんとうに価値高い人生

久遠永劫＝永遠にして終わりのないこと
峻厳＝きわめてきびしいさま

に活きている人というのは、数においてあまりにも少ない。

いったいこれは何ゆえの結果かというと、要約すれば、人間の本質の尊さを、真実自覚していないがためだといってよいと思う。

多くいうまでもなく、人間には、人間がひとたび自分自身の本質の尊さというものを正しく自覚すると、「心」が自然と自己自身を気高い人生に活きるようにリードするという必然性がある。

だから、そうなるとその人は、必然的にどんなに僅《わず》かな時間でも、いつも価値ある人生を活きられることになる。

そもそも人間の本質というものが、いかなる尊さをもっているかというと、結論的にいえば、人間というものは、厳格に論断すれば、健康的にも運命的にも、常に幸福に恵まれるように、本来が作為されているという点に**帰納**《きのう》される。

ところがこの尊厳なことがらを、何と、それが未開非文明時代の人ならとにかく、現代のこの文化時代に活きる人の中

帰納＝具体的な事実から法則を導き出すこと

にも、正しく自覚して日々の人生に活きている人が、遺憾ながら極めて少ないのである。

むしろ、人間というものは、いくら用心しても努力しても、健康的にも運命的にも、ともすれば**不如意**《ふにょい》の状態になりがちな憐れな不幸なものだというように、人間の価値批判をすこぶる低く考定して、それが少しも間違っていない正しい断定のように軽率に**思量**している人が、世間には相当多いのではないだろうか。

これはつまり、健康的にも運命的にも恵まれた幸福の状態に活きている人よりも、不健康、不運命に活きている不幸福な人のほうが、人間の仲間にはあまりにも多数を占めているという、いわゆる目に見える「現実」というものを、その判定の焦点にしているためにほかならないと思う。

そして、またこの悲しむべき「現実」が、何ゆえの原因から招かれているのかということを探究する用意が、自己自身の心に欠如しているという、自己の人生考察に対するエラー

不如意＝思いのままにならないこと

思量する＝思う

には、大部分の人が少しも気づいていない。

　もっとも数多くの人の中には、人間の本質の尊さをおぼろ気《げ》ながらも知っている人もあるが、その人々の実行している手段なるものが、残念ながら往々**第二義**的のみを**重用**《ちょうよう》して、**第一義**的な事を疎《おろそ》かにしている**傾き**がある。

　もっと詳しくいうなれば、運命に対しては、うんと金を儲《もう》けていわゆる「富」を作り、あるいは地位名誉を高くなし得れば、幸運を克《か》ち得るものと考え、また健康に対しては、医薬やあるいはその他の薬餌療法《やくじりょうほう》やまたは物理療法というがごとき、いわゆる人為治癒法のみを重用して、それ以上必要とする自然治癒の方法を存外軽視して、しかも健康獲得の目的を完全に達成しうるもののごとく思うというのが、第二義的手段と称するものである。もちろんこうした第二義的の手段や方法も、ある程度に健康を獲得し、運命を建設する上に必要であるには相違ないが、しかし厳格に論断すれば、すべてのことを完全にするのには、まずその根本を確立することこ

第二義＝根本の意義ではないこと
重用＝重く用いる
第一義＝最も根本的で大切なこと
傾き＝傾向

そ、何をおいても先決手段でなければならないことはあえて多言を要せぬことである。

　すなわちその根本を確立するということが第一義的の手段というので、それでは、人間の本質の尊さを完全に発揮するには、いかなる手段を実行することが、理想的な第一義的のものかというに、曰《いわ》く「万物《ばんぶつ》の霊長《れいちょう》たる人間の真の生活目標の決定」ということなのである。

　実際、この重要なことを考慮の外においたのでは、人間の本質の尊さを完全に発揮することは、絶対に不可能なのである。

　然るに、たいていの人は、この犯すべからざる真理を自覚していないで、前述の第二義的手段だけを遂行すれば、その目的を達成しうるもののように考えている。

　しかし、万一その考え方が間違っていないのならば、富める者や、名誉や地位の高いものをもつ人は、一様に幸運で、さらに肉体のみを本位とする神経過敏な衛生家や、やたらと薬剤療法を濫用《らんよう》する薬の愛好者は、総じて健康のはずである。

ところが、事実はまったくこれと反対である。

というのは、結論すれば、前述の人生決定の根本基礎である「生活目標」なるものが、万物の霊長たる真人としての理想的なものでないからである。

そこで、それでは真人としての理想的な生活目標とは何？ というと、曰く「**霊性の満足**」ということなのである。すなわちこれがほんとうの人間としてのもっとも正しくもっとも尊い生活目標なのである。

ところが、人生に対して相当の理解をもっているごとく見える人でも、この目標を重視せずして、おおむね多くは左に列記する四項目のいずれかを、意識的かまたは無意識的に、その生活の目標として勉学したり、あるいはその職業や勤労に努力している。

その四項目とは、

霊性の満足＝清く尊い人間の本質的な心の満足

1. 本能の満足を目標とするもの
2. 感覚の満足を目標とするもの
3. 感情の満足を目標とするもの
4. 理性の満足を目標とするもの

なのである。而《しか》して以上の四項目の満足を欲求するという**意念**《いねん》は、かつて講演の際にもいったとおり、一般人類の共通的な人生欲求なのである。

したがって、一概にそれを非なりとして排斥すべきではないが、さりとて、右のいずれかを生活の目標にすると、いずれを目標としても、現実に人間の本質の尊さを完全に発揮することは、断然不可能になり終わるのである。

それはなぜかというと、以上四項目のいずれかを目標とすると、かりに相当の富や地位や名誉を克ち得ても、それでもって自己の人生の満足を徹底的にわがものとすることは、絶対にできないがためなのである。加うるに、人間の欲望というものには、自制心の極めて優れたものでない限りは、ほと

意念＝気持ち

んど際限のないものになりがちで、西洋の諺《ことわざ》にも、"Avarice increases with wealth."（金持ちになればなるほど欲が出る）

というのがあり、中国の『**後漢書**《ごかんじょ》』にも、

「隴《ろう》を得て蜀《しょく》を望む」（一つの望みを達するとさらに大きい欲を抱くということ）

という有名なものがある。

また日本にも、

「おもうこと一つかなえばまた二つ、三つ四つ五つ　六《む》つかしの世や」

という道歌《どうか》があるのを見ても、この**消息**は理解されることと信ずる。

その上に人間の欲求の炎は火と燃ゆるのに比べて、現実に満足を感じる獲得は、いつもあまりにも少なすぎるのが通常のありさまなのである。

するとその当然の結果として欲求不満という、やるせない

『後漢書』＝二十四史の一つで、後漢の事跡を記した史書。四三二年頃成立

消息＝事情。ありよう

煩悶が心に発生してきて、結局は、生命の生存を確保する中枢的に大切な神経系統の生活機能をおびただしく**毀損**《きそん》することとなる。

さすればまた、その犯すべからざる**因由関係**《いんゆ》で、生きるのに必要な各種の生命力も減損されてしまう。

そして終局は、満足の得られない欲望と四つに取り組んだままで、生命を短くしてこの世を終わるか、さもなければ、欲望の奴隷となって、人知れぬ悩みの多い、憐れはかない毎日を過ごすかのいずれかに陥ることになる。

こうなったのでは、かりそめにも、万物の霊長たる生まれがいが、いささかもないということになる。

せんじつめると、自己の無自覚のためとはいえ、好んで煩《わずら》いを多くし、故意に悶《もだ》えを味わうべくこの世に来たのと同様の結果になる。

mortal（死すべきもの）である人間は、決して二度とこの世に出てこないものであることを考えると、いかなる場合

毀損＝物をこわすこと。傷をつけること

因由関係＝因果関係の意

にもっと価値高い人生に活きねばならない。

しかも、それを現実にしてくれるものはただ一つ、自己の生活目標を前にも示した通り「霊性満足」という真人としての理想的なものにすること以外に絶対にない。

「霊性満足」という生活目標は、前述の四項目の生活目標のごとく、満足の得られないことから生ずる失望や煩悶というものが、全く皆無のものなのである。

というのは、この「霊性満足」の生活目標なるものは**小我《しょうが》的欲求**の満足を目標とするものでなく、わかりやすくいえば、自己の存在が人の世のためになるということを目標とする生活であるからである。

しかしこういうと、また中には、自分というものを全く人の世のために犠牲にして、あたかも自己の存在を無視するかのごとく早合点《はやがてん》する人もあるかも知れぬが、断じてそうではない。むしろ自己の存在を重視して、より高い価値あるものにするのに、この生活目標が一番容易で、その上精神生命の

小我的欲求＝自己のみにとらわれた狭い自我からくる欲求

負う消極的な負担が絶対にないという、極めて高潔なものなのである。

そしてこの生活目標を目あてに生活するということくらい容易な生活も、また決して他にないのである。それは次に記述するような気分＝心がけで毎日を活きればよいからである。

すなわち、霊性満足の生活を現実にするのには、日々の自己の言行をできる限り人の世のためになることだけを本位とし重点とするという心がけを、自分の心とすることである。

もっと具体的にいえば、いつも真心《まごころ》と愛の心で、一切に対処するようにするのである。

そうすれば、どんな場合にも、ほんとうの親切と尊い思いやりという、人間の心の最高至純のものが期せずして発現してきて、それがそのまま霊性満足の生活となり、宇宙本来の目的に合致した生活となるのである。

だからこの生活を哲学的にいうと「創造の生活」ともい

う。

そして、こうした生活は人間の先天的大使命たる＝進化向上に順応する、という階級の高い理想生活なのである。したがって、満たされないことから生ずる失望や落胆というものがなく、そのため煩悶苦悩という忌《い》まわしい心理現象の発生することもまた絶対にない。

というのは、この生活目標は、何ものをも代償として求めていないからである。

いいかえれば、Emolument is no object with me.（報酬は私の目的ではない）であるからである。

であるから、少しも生命に無駄な消耗も無益な疲労もない。否、あるものはただただ歓喜と感謝の連続のみである。

ところが、これ以外のことを生活の目標とすると、生命の受ける消耗と疲労率というものがすこぶる甚大《じんだい》であって、またなかなかそれを回復することも容易でない。

ただし、くれぐれも**曲解**してはならないことは、霊性満足

曲解＝誤った理解をしてしまうこと

の生活を目標とする者は、本能や感覚や感情または理性等の一切を、断然排斥せよとか、または卑《いや》しむべきものだから捨てて顧《かえり》みるなかれというのではないということである。

　もとより、人間の生命の中に、本能や感覚や感情や理性の存在しているのは、生命確保のために必要であるがためである。である以上、それを無にするということは絶対に不条理でかつ不可能である。

　しかし、だからといって、これに制限を施《ほどこ》さず執着すると、直接間接に生命に不測の損害を招くことになる。ところがこの制限ということと無執着ということが、普通の手段や方法では断然でき難いすこぶる困難なことなのである。

　普通の手段や方法は、いつもいう通り、古今東西を問わず「抑制」か「禁止」という相対的なものであるからである。

　然るに、この万人共通的に困難を感じている人生問題が、何と、前述のごとき霊性満足の生活を実行すると、きわめて簡単に、たいして努力することなしにほどよく統御《とうぎょ》され、かつまた解決される。

いいかえれば、各種心識《しんしき》より発動する価値のない欲求が自然的に制約され、同時に**煩悩**《ぼんのう》執着も著しく軽減され、または無になるのである。

そして、当然の帰結として、人間の生命の本質の尊さも完全に発揮され、健康美も運命美も期せずして現実化される。

であるから、価値ある人生に活きるには、いかなる場合にも「霊性の満足」を終始その生活の目標として人生に活きられんことを、真人としての本領発揮のためと同時に、ひろく人の世のために**熱奨**《ねつしょう》する。

煩悩＝衆生《しゅじょう》の心身をわずらわし悩ませる一切の妄念

熱奨＝熱心にすすめること

天風3箴言

真人たらん者は心す心して心鏡の払拭を怠るべからず 心は生命確保の根本義なるが故である

箴言三

真人たらん者は　心に心して心鏡の払拭を怠るべからず
心は生命確保の根本義なるが故である

To be a Real Man, it is necessary to practise good cleansing of his mind incessantly.
It is because mind is the basis for the actual realization of his whole life.

「心鏡《しんきよう》払拭《ふつしよく》」ということは、いろいろの言葉で、世界のすべての宗教の教典の中で重要な**偈辞**《げじ》の一つとなっていることは、たいていの人が知っているものである。

これは要するに、心というものは、相当注意を周到にしても、ややともするとすぐ垢《あか》よごれがつく。垢よごれがつくと、たちまち心は消極的になる。

すると、その当然の成り行きで心の積極性が失われ、やたらと、怒りや怖れや悲しみ等、あるいはその他の価値のない感情が、たえず心の中に発生してきて、その人生を極めて向《こう》下《げ》的にしてしまうからなのである。

しかもこの決しておろそかにできない人生の**消息**《しようそこ》は、洋の東西を問わず、遠い往古《おうこ》の時代から、人生を考える人の関心とするところで、したがってそれがすべての宗教の教典の中

偈辞＝真実の言葉。「偈」は仏徳を讃嘆し教理を述べたもの

消息＝事情。ありよう

に重要な訓言《くんげん》となっているのである。

結論的にいえば、心の状態が向下的になると、心というものには、生命確保の根本的作用を行っているという大切な事実が厳存しているために、その必然的な結果として、全体生命の存在状態が、極めて力弱い状態になる。

すると、当然、健康や運命を把握しているコイルの絶縁体が溶けたのと同様になって、人生の毎日が、全く活きがいを失ったものになる。

というのも、先述したとおり、心鏡の払拭を蔑《ないがし》ろにすると、心が常に感情の奴隷になってしまって、克己心《こっきしん》も忍耐力も全く無になって、ちょっとしたことにも、すぐカーッと上ずってしまう。そして波立てずとよい人生を、自制することのできない憐れさからきわめて下《くだ》らぬものにしてしまう。

ところが、この見やすい事実を、真剣に考えている人というのが、実際において現代の世になんとまことに情けないほど少ないのである。

訓言＝教えの言葉

克己心＝自分の欲望などにうちかつ心

中には怒ることがあれば怒るのが当然、怖ろしいことがあれば怖れるのがあたりまえ、悲しいことがあれば泣くのがなんで間違っているというふうに、それが少しも当然でないことを、さもさも当然のように断定しているというきわめて無知な人さえいる。

またそれほど愚かでなくとも、「感情の奴隷になることは、やはり無論すべての結果において、健康に対しても、運命に対しても万々《ばんばん》良くないことは十分承知してはいるけれども、いざとなるとなかなかそううまく統御のできるものではない。ましてそれが他人のことならとにかく、わが身のことでは……」と、平然と間違った自己弁護を正当のように主張する人がある。

しかし、これも常々私がいうとおり、真理は**情実**に絶対に同情しない。

だからいくら自己弁護を巧みに脚色しても、消極的な感情生活をあえてしていると、必ずや**早晩**《そうばん》疾病《しっぺい》に侵されたり、あ

情実＝個人的な事情

早晩＝遅かれ早かれ

るいは運命によくないものが生じてくる。

このように、文化の現代だというのに、なぜこのくらいのことが正しく解決されていないのかというと、これはせんじつめると、要は心鏡払拭の実際方法を一般人が知らないためだと断定してよいと思う。

そこにいくとわれら天風会員は、**観念要素の更改《こうかい》法**や、**積極観念の養成法**、または**神経反射の調節法**という各種の実際方法を講習会で習得し、その上夏の修練会で、即座に**心機**を転換して無念無想になれるあの**安定打坐《あんじょうだざ》密法《みつぽう》**を践修《せんしゅう》されて、その各法のすべてによって心鏡払拭が顕著に現実化されていることは、言外無量の幸福といわざるを得ない。

現にああした方法を、私が苦心して創見したのも、その動機は私自身がいつも口述しているとおり、中年期に悪性の呼吸器疾患に侵されて以来、青年期の**豪放無《ごうほうむ》縫《ほう》**から憐れなほど消極的な感情生活を行う人間に転落し、その惨《みじ》めな人生から、なんとかして脱け出たいと懸命に思ったからである。

観念要素の更改法＝潜在意識領を浄化する方法
積極観念の養成法＝消極的になりがちな実在意識を積極化する方法
神経反射の調節法＝神経系統を安定させる方法
心機＝心のはたらき
安定打坐密法＝無念無想の境に達入するための独特の座禅法
豪放無縫＝気性が大きくて、こせつかないこと

そして、十数年研鑽《けんさん》と努力の結果、現在会員諸子に垂迹《すいじゃく》している各種の方法を、幾多の失敗と蹉跌《さてつ》を繰り返しつつ最後に創見して、その後の私は、現在諸君のご覧のとおりの自分で、たえず至幸至福を大きな感謝で実感しながら、毎日を尊く活き得ているが、これとても、つまるところは、いかなる場合にも、会員諸子と同様、今日なお創見当初に優るとも劣らない実践を、熱烈に実行しているおかげなのである。

実際、万一少しでも怠る心が出たとすれば、私の現在は、断然かくのごとく恵まれてあり得ないと信ずるのである。どんな名医も再起不能を宣告した悲惨な病気に痛めつけられた脆弱《ぜいじゃく》な肉体が、自分で驚くほどの頑健なものとなり、日々を文字どおり、いつも明るく朗らかに、活き活きと勇ましく活きられているのも、人生真理の探究からああした実際効果の顕著な方法を窮達《きゅうたつ》の結果霊感（あえてこういわざるを得ないほど、われながらその創見と組織の微妙さに真実の感動を実感しているから）し、そして今なおそれを真摯《しんし》な気持ちで、

垂迹＝本来の意味は、仏が民衆を救うために仮の姿で現れること。ここでは天風が真の教えを説くこと

蹉跌＝まちがい。つまずき

窮達＝困窮と栄達

一日一分といえども忽《ゆるが》せにせず、懸命に実行しているからである。

ですから、こいねがわくは会員諸子も、範を示す天風に倣《なら》って、どんな場合にも、生きている限りは各種方法の全部を真剣に実行されて、全体生命の現実更生の根本義たる積極的精神態度の確保を堅持するために、心鏡を常に**八面玲瓏《はちめんれいろう》**たるものにされることに熱烈であってほしいと、心より勧め、奨励する。

八面玲瓏＝どこから見てもうるわしく照り輝くさま

天風4 箴言

人が人の世のためを本位として活きる時その心の中に卑しい不平不満の火は燃へない

天

箴言四

人が　人の世のためを本位として活きる時
その心の中に　卑しい不平不満の火は燃えない

Live devotedly for the sake of the world, then the fire of low discontent or dissatisfaction will not be in flames in your mind.

およそ人間がこの人の世に生きるとき、何をおいても重大に考えねばならぬことは、人生に対処する、その精神態度である。

ということは常に私の講述するところであるから、もちろん会員の皆さんも充分に理解されていることと確信する。そしてその精神態度の完全決定という人類の最高の人生理想が、この文化の高潮期であるにもかかわらず今なお未解決のまま推移されつつあるとき、既に半世紀の以前に、私が努力研鑽《けんさん》して一つの方法組織を体系づけ、それを教示することを講習の本旨《ほんし》として、汎《ひろ》く真人の養成に主力を注ぐという尊い聖業を天風会がその終始一貫の目的としているということも、これまた会員諸子の熟知されるところで、同時にまた皆さんにおいても、この会の会員として真理を践行《せんこう》して現在人生に活きるということに、大きい誇りと幸福とを感じておられることと、これまた断固として確信する。

が、平素折あるごとに、私が講述しているとおり、何としても現代は物質文化の特異な発達に引きかえて精神文化の進歩が著しく後《おく》れている関係上、特に人々の大切な精神統御なるものがとかく平衡を失するため、人々の多くはややともするとその精神態度が消極的になり、その当然の結果として心の力が極度に低下、またそれに伴って気力の減退となって、結局神経過敏な人間が老若の男女を通じてすこぶる多くなったのである。そしてそのまた結果として、人間の心の力をアンバランスにするもっとも顕著な原因である、不平不満という卑《いや》しむべき心的状態が、人間というものの共通的な当然の心もちのようにさえ思われるようになったのである。

実際、現代の多くの人々は、不平不満という心もちを心の中にもたせるということが、すこぶる価値のない、卑しむべきものだということを正しく認識している人があまりにも少ない。

否、反対に不平不満というものは、人間に与えられた当然の権利のようにさえ思い込んでいる人が多いというのが、しばしば見聞される事実である。

そして中には、不平不満を主張することのできない人間は、いわゆる俗にいう意気地のない人間か、さもなければ良識が欠如している人間であるかのごとく、極端な誤った解釈を、平然としてしている人すらある。

だから、この種の人というものは、不平不満という心的状態を卑しい価値のないことというのは、何ゆえの理由が存在するためかなどというようなことは、毛頭知っていない。

もちろん、それを知らないから、事ごとに盛んに不平不満を常習的に口にするのであろうと思う。

しかし、知る識《し》らざるとを問うことなく、不平不満を口にするという心もちをその心にもたせると、人間それ自身を不幸にする場合が多く招来されて、決してその心的態度から幸福というものは発生しないのである。

というのは、常に私の講述で耳にされる心身相関の真理の帰結で、直接的には判断力、断行力、さらに精神能力というものがどんどん萎縮《いしゅく》減退し、間接的には体力や胆力《たんりょく》、果ては精力にまで、そのよくない影響が波及されて、結論的にいうと、生命力の一切が劣弱《れつじゃく》になってしまうのである。

生命力の一切が劣弱になれば、いかなる努力をしたとて、幸福というものは来ない。それは電圧の低下した電流では、モーターが回転しないのと同様である。

ところが、実際はたいていの人が、いろいろ難しい議論や、ややこしい理屈を口にする割に、この大切な人生理解がその理智の中に、何ごとぞといいたいくらい、判然としていないのである。

だから、どうすれば不平不満という、価値の向下《こうげ》的な心的状態を心に発生せしめないようにうまく意のままに防止することができるか、というような階級の高い貴重な人生理解な

劣弱＝きわめて弱々しいさま

どは微塵《みじん》もない。

すなわち、まず人の世のためを本位とするという心もちで活きるという人生への活き方を、実行すべしであるということをまったく理解していないということである。そしてそれを現実にするのには、第一に権利の主張よりも義務の実行を先にすることを常にその心がけとし、そしてこの心がけを実行に移すのには、できうる限り不当の欲望や、身の程を顧みない要求を捨てるという、高貴の心を堅持《けんじ》するということが何よりの**要訣**《ようけつ》だということを知らない。

否、そうしたことに気づいても、それがなかなか容易に実行のできることではないと思い込んでいる。

もっともそれは無理からぬ次第で、世間の多くの人々は、天風会員なら知っているような積極精神の現実完成法たる「観念要素の更改法」も、「神経反射の調節法」も、また「積極観念の養成法」というがごとき**尊貴**《そんき》の精神改造法などは全然皆目知らないからである。

要訣＝大事な秘訣

尊貴＝尊いこと

そして、その当然の因由関係で、**精神の感応性能**が極度に弱性化しているため、たまたまそれが実行できないのである。そのため、不平不満のごとき卑しい心もちが、ややもすると勃発するということになるのである。

このことをよく考えると、真理を知り、真理に順応する践行をその生活と生存の方法として、常に明るく朗らかに活き活きと勇ましく日々の人生にこうして価値高く活き得られるお互い会員は、ほんとうにありがたいうれしいことだと痛感する次第である。

そして同時に、多々《たた》益々《ますます》人生真理の実行者としてのその資格を、決してなくしたり冒瀆《ぼうとく》したりすることのないように、より更に**心意**を新たにして、実行にいそしもうという正念《しょうねん》が、**勃然**《ぼつぜん》として煥発《かんぱつ》するのを感ずるであろうとあえて断言する。ほんとうに活きがいのある真人となるために……。

精神の感応性能＝心のもつ暗示を感受する性能

心意＝精神、心

勃然＝勢いよく起こるさま

天風5箴言

健康や運命というものはそれを
消極的に考へない人にのみ恵與
されるように宇宙真理が出来て居る

箴言五

健康や運命というものは　それを消極的に考えない人にのみ恵与されるよう　宇宙真理が出来て居る

Such is the universal truth that health or fortune is blessed to the man who does not think of them in a negative way.

この箴言のもつ**真諦**《しんてい》は、およそ天風会員であるならば改めて釈明の必要もないほど、的確明瞭に理解されていることと信ずる。

というのは、われらの人生教義とする**心身統一法**は、要約すれば、活きがいのある人生を建設するのに必要とする生命の力と、各個人の対人生精神態度というものの相対的連関関係がいかに密接重大であるかという点に重点をおき、したがって積極的精神の現実養成を眼目として講習内容を組織し、またこれを心身統一完成への**根本要諦**《ようてい》として講述に努力しているからである。

ところが、事実において、天風会員以外の人は、しかも当然こうしたことが理解されているべき理智階級ですら、健康や運命ばかりでなく、およそ人生一切に直接間接に驚異に値

真諦＝絶対的、究極的真理

心身統一法＝心と身体を命において統一するための行修法

根本要諦＝根本的に大事な秘訣

する**消長**関係をもっている「心の重大性」というものを正しく理解していない人が実に多いのである。

そしてたいていの人が、いのちの力というものは、薬剤とか食養生《しょくようじょう》とか、その他肉体に施す何らかの手段や方法で作りだされるもののように考えている。

否、そうした考え方がきわめて合理的で少しも間違っていない正当なものと考えている傾向が実際にある。

特にこうした考え方を、専門の医家の中にも是正しようとしないでむしろ是認している人すらあるのは、人類の生命を確保していくうえで決して蔑《ないがし》ろにできないことと痛感せざるを得ない。

要するに、こうした事態が起きるのは、いつも講習の際講述するとおり、つまるところ物質文化のほうが**長足**《ちょうそく》に進歩している一方で、人間の生命存在にとって断然忽《ゆるが》せにすることのできない精神の文化のほうが、はるかに後れているためである。

消長＝衰えることや盛んになること

長足＝進み方の速いこと

そのために、遺憾ながら、現代人の人生知識の中には、「心」というものが人生存在の一切を掌握する峻厳なるものであるという、人生確保に対する一番大切なことが欠如しているのである。

もっと極論すると、現代の理智階級者の概《おおむ》ね多くは、いのちの力、換言すれば、こうしてお互いが活きているのは、ひとえに神経系統の作用によるものだということを、正しく自覚していない。

またそれをそうと自覚している人の中にも、神経系統のすべてが、詳しくいえば植物神経系も、動物神経系も、そのことごとくが前記のごとく、肉体に施す手段方法＝薬剤、栄養その他の肉体的の＝で完全に作用させることができるというふうに考えている人が多い。

ところが真理はまことに厳粛で、人間がどう勝手に理屈を脚色しても、すべての神経系統は、肉体の支配を受けているものではなく、精神＝心の支配を直接に享受して、生命維持の運営作用を行っているのである。

この大事実は、いくらよい薬を用い、栄養を豊富に摂取し、その他の肉体的の方法を実行しても、心が消極的である限りは、健康一つでさえ思うように建設できず、ましてや運命開拓の力などは思いもよらないが、これに反して心がその病に負けず、また運命に脅《おびや》かされないという積極的態度を堅持できれば、あえて薬やその他の肉体的手段や方法を特に採用しなくても、十分に健康や運命を確保し得ることで明瞭に証明されるのである。

現に英国の格言に、

"You had better pretend to be happy when you are blue." (不幸なときこそ幸せそうに振る舞え)

というのがあるが、これも要するに、心の態度が、いのちの力の中枢をなす神経系に反映すると、当然運命を克服する力が発現するという事実を訓《おし》えている貴重な言葉なのである。

いずれにしても、心の態度が人生に与える直接的な影響は、多言する必要のないほど、切実なものであるだけに、瞬時の間といえども油断なく、その態度の積極化に努力すべきである。

そして、ふたたび獲得のできないこの人生を、正しく守ることに専念しよう。

天風 6 箴言

信念の重要な事は大抵の人
の知るところである然しそれを現実に
堅持して居る人は極めて尠ない

箴言六

信念の重要な事は大抵の人の知るところである
然し　それを現実に堅持して居る人は極めて尠《すく》ない

The necessity of the firm belief is known to most of the people.
But very few who hold it actually.

およそ、われら天風会員たるものは、いずれも皆人生に対する信念の重要性を十分に知っているものと信ずる。

それは、毎回講習会の折に精神生命の理想的な積極化を完成する直接**要諦**である感応性能を正常化する必須条件の中の、観念要素の更改《こうかい》を説示《せつじ》する際、天風会員は、すべからく信念で寝て、信念で起き、信念で一日中を活きるべしと、必ず判で押したように私が講述しているからである。

ところが、世の中の人々を見ていると、案外、相当の理智階級者の中にも、この**消息**を正しく理解している者が少なく、また理解している人でも、標題のごとく、これをその心に的確に堅持して颯爽《さっそう》と、かつ堂々とその人生を活きている人が、実際においてきわめて少ないのが事実である。

だから、信念さえ確固たるものがあれば、もっと成功しも

要諦＝肝心な点

消息＝事情。ありよう

っと幸福になれるはずの人生を、あたら己《おのれ》の影法師を捕えようとするのと同様な、無駄な努力とあせり（焦心《しょうしん》）という愚かさのみで、この貴重な人生をただ計画や議論だけに明け暮れて、いたずらに心ならずも無為に活きている人が多いのである。

多くいうまでもなく、人生はオンリーワンページである。どんなに**人智**が進歩しても、二生は絶対にないのである。

そうである以上は、何としても、今生《こんじょう》の現在は、かりそめにも少しでも不幸を多くすべきではない。

しかもこの自明のことを現実化するために何よりも必要な根本要素は、自己の言行の一切に対して信念を堅持することである。

だから私が、毎年修練会の**真理瞑想行**のとき「信念なき人生は、さながら、羅針盤を用意しないで、**長途**の航海に出発した汽船と同様だ」と説示しているのも、このことが重要だからである。

人智＝人間の知恵。文明

真理瞑想行＝安定打坐体勢で真理を聞く行修

長途＝長い道のり

そうでなくとも、人生とは、ある意味からいうと、油断も隙《すき》もないものである。

というのは、いつ何時、思いもよらぬできごとが、運命の中に突発的に生ずるかわからないからである。

そしてそういう場合にもしも信念が堅持されていないと、憐れ一敗地《いっぱいち》にまみれると、そのままペシャンコとなってふたたび立ち上がることが容易にできない。

それに引きかえて、信念が確固として堅持されていると、どんな場合にも、文字通り「禍《わざわ》い転じて福を為す」の格言を現実のものとすることができる。

そして結局、健康も運命も、その信念の力で美化善化して、人生をきわめて幸福に活きうることとなる。

もちろん、人生を幸福にするには、富も経験も、理智も計画も、その他必要なものが多々あるに違いない。

しかし、そのいずれも、信念がなければ、理想通りに完全に結実しないのである。

ところが、世の人々の多くは、幸福の獲得に金の力、智識の力、または経験の力や計画の密度にのみ重点を置いて、信念をさして重大視しないのである。

要するに世の中の進歩に比例して、ほんとうの成功者も、また健全な生命をもつ者も数において本当に少ない原因的理由は、これらの点にあるといってよいと思う。

またさらに、人格の価値批判にも、信念の有無が**輔車唇歯**《ほしゃしんし》の密接な関係で存在している。現に数千年昔において、すでに**ヘブライ**の**ソロモン**が次のようにいっている。

「人の真の価値は、黄金にあらず、また宝石でもない。さりとて、名声でも権勢でもない。ただ信念の有無にあり」と。

厳《おごそ》かに考えてみてほしい。数千年昔といえば、非文化の未開時代である。

その時代に、人の世を**達観**する哲人の識見には、まさにこのように**崇敬**《すうけい》なものがあったのである。

このことだけを考えてみても、真理とは本当に久遠《くおん》の昔よ

輔車唇歯＝密接に助け合う関係

ヘブライ＝他民族がイスラエル民族を呼ぶのに用いた呼称

ソロモン＝イスラエルの王。在位は紀元前九七一頃〜前九三二年頃。ダビデの子

達観＝一つのことに拘泥しないで、真理・道理をみきわめること

崇敬＝あがめうやまうこと

り永劫《えいごう》の将来にわたり、**昭《しょう》として耽存《たんぞん》**するものであると断言する。

いずれにせよ、かく観じ来《きた》りかく観じ去るに従い、多々益々、信念の人生に対する、峻厳《しゅんげん》なる重要性を、少しの間といえども蔑《ないがし》ろにしてはいけないということを、われら真人生の探究と、その実践に限りなき情熱をもつものは、今さらながら改めてその心に銘記すべきであると絶叫する。

そして、**ナポレオン・ボナパルト**が十万の精兵を率いてアルプスの険山を乗り越えたときの言葉として、今なお**人口《じんこう》に膾炙《かいしゃ》する**「わが辞書に不可能という言葉なし」という名言を常にわが心の**座右銘《ざゆうめい》**とすべしと、あえて熱奨する次第である。

昭として＝明らかに
耽存＝深く存在する

ナポレオン・ボナパルト＝フランスの皇帝。一七六九〜一八二一年。一八〇四年帝位につき第一帝政を開いた
人口に膾炙する＝広く知れわたる
座右銘＝身近に備えて常に自らの戒めとする格言

天風7箴言

報償を目的としたり恩に着せる心もちで為される言行は真の誠意でもなく又親切でもない

箴言七

報償を目的としたり　恩に着せる心もちで為される言行は
真の誠意でもなく　又親切でもない

It cannot be defined as a real sincerity nor kindness of man, if he says or acts for others with an objective to receive some compensation or an intention to lay them under obligation.

英国の格言の中に、“Emolument is no object with me.”（報酬は私の目的ではない）というのがある。が、この格言の意味もまた、前掲の箴言の意味と同様の考えを提示しているということはその字句で充分理解できると思う。

要は、人と人との世界に活きるお互い人間は、どんな場合にも、お互いの間柄を、天風教義のディクラレーション（宣言）にも宣言してある通り、常にいかなる場合にも、偏《かたよ》りのない公平で美しい愛情と、真の誠実さを心として尊い思いやりで助け合うという、いわゆる文字通り親切本位で共に活きることが最高の理想であらねばならない。

しかも、それを真に現実化するには、要するに、私心のない言行が、何をおいても必要とされる。

そしてこの**先決的な要訣《ようけつ》**である私心なき言行とは、報《むく》いを

先決的な要訣＝第一に大切な秘訣

あてにしたり、自己の言行を相手に恩着せがましく思わせようとするのでは、その意味がまったくなくなってしまう。

禅家の訓《おし》えの中にも、施して報いを求むることなかれ、というのがある。

また有名な処世修養の要道を説述してある明の時代の中国の名著といわれる『**菜根譚**《さいこんたん》』の三十三節にも、
○放得功名富貴之心下　便可脱凡
(功名富貴の心を放ち得《え》下して　便《すなわ》ち　凡を脱すべし)

というのがある。

この語は詳しくいえば、人間がこの世に活きる要訣《ようけつ》は、みだりに功名や、富貴《ふうき》の欲望に心をとらわれないということである。そうすれば、健康も長寿もさらに幸運も、求めなくても当然のように恵まれる真人となり得るという、峻厳なる宇宙真理を**喝破**《かっぱ》したものなのである。

『菜根譚』という訓話集は、今の中国が明といわれた時代

『菜根譚』＝儒教の思想に基づき、老荘《ろうそう》・禅学の説を交えた処世哲学書。明末の儒者洪応《こうおう》明《めい》の著

喝破＝正しい道理を説き尽くすこと

に、明人の洪応明（洪自誠《こうじせい》ともいう）なる人が著述したものと伝説されているが、いずれにしても、遠い数百年前の時代において、すでにこの犯すべからざる人生に絡まる宇宙真理を、正確に霊感した哲人のいたことは、まことに尊いことであるといわねばならない。

そもそも宇宙真理なるものは、断然絶対の実在である。

多く語るまでもなく、絶対のものは、いかに時勢が変遷し、どんなに世相が変移しても、**不変不易《ふへんふえき》**のものである。

だから、経済機構という厳しい枠の中に活きることを余儀なくされている現代のような物質偏重の時代であっても、人生の根本哲理は、自我を本位としない生活こそ真の人間に与えられた最高至純の合理的なものであるということに、何の変わりもないのである。いいかえれば、人間は無私無我の生活を本位として活きてこそ、ほんとうの人間としての幸福――健康と長寿とよき運命――を求めなくても恵まれるというのが、この世ある限りいささかも変わることのない、人生

不変不易＝絶対に変わらないさま

に**賦与**《ふよ》されている宇宙真理なのである。

多くいうまでもなく、事実は最後の証明者として、無言の雄弁をもってこれを立証している。

現に**功名富貴**《こうみようふうき》の欲求に汲々《きゆうきゆう》たる人々を見てみよである。彼らは常に、真の健康を満喫することができず、心ならずも医薬のとりことなり、したがって長寿などということは、願っても得られず、さらには、どんな場合にも幸運に安住することができず、四六時中その欲望にその心は引きずり回されているという憐れな状態で貴重な人生を価値なくしている。

そしてその結果、強さ、長さ、広さ、深さという、人生に欠くことのできない四大条件のことごとくが、徹底的に**スポイル**されているのである。

然るに、何と情けないかなと言いたいくらい、現代人の多くは、この文化の時代に生まれながら、この自明の**哲理**を自覚できずに、やれ生存競争に負けてなるものかとか、人生は富貴と名声にありとか、またはやれ享楽こそ真の人生だと

賦与＝分け与えること

功名富貴＝手柄をたて名を上げ、財貨に富み、位が高いこと

スポイル＝台なしになること

哲理＝人生や世界の本質にかかわる深い道理

か、極めて浅薄な**ドグマ**の弁解と口実とで、ひたすらに、自己本位に基づく唯我《ゆいが》の生活に努力することが、二度と繰り返しのできないいのちに対する間違いのない活き方であるかのように履《は》き違えている。

しかも、こうした無自覚な人生生活をあえてする人が、少しでもその数を減らさぬ限りは、世相も時勢も断じて好転することはできず、したがって、心ある人々が熱烈に渇望している真の平和の世界などというものは、とうてい実現不可能な夢の世界のものでしかないことになり終わる。

ところが、当然こういう真理を知っているべきはずの政治家や学者や宗教家が、概してこうした**消息**に無自覚で、あえてなおかつ自我本位の生活を平然として行っている人が多いという実状である。

したがって普通人においては、むしろ欲求に汲々と心を燃やし、それを獲得することに他を排しても努力することが、人生の心の幸福と恵みをわがものにするための当然の手段で

ドグマ＝教義、信条

消息＝事情。ありよう

あるように思い込んでしまっているのも無理もないことともいえるが、いずれにせよ、このようにみてきたとき、なんともいえない嘆かわしさに、かりにも**済民救世**《さいみんきゅうせい》を意図するわれらは、ただただ形容のできない寂しいものをさえ心に感じるのである。

私がかつて大患に侵されて後、人生真理の探究に志して求道の放浪生活を敢行した際、最後の正念自覚を獲得したインドにおいてのカルマ・ヨガの研鑽《けんさん》と践行に熱中していたとき、恩師の聖哲から、

「これは**シェイクスピア**の言葉だが、すこぶる**玩味**《がんみ》すべきものがあるから、これをダーラナ（安定打坐法）を行いながら正しくその真意を捉えてみるがよい。そうすれば、必ずや現在の汝《なんじ》の病患の恢復《かいふく》の遅い理由が自然と判然するから」

といわれて、終わりに添記《てんき》してある一つの章句を口誦《こうしょう》されたた。

そこで師のいわるるままに、ダーラナを行うときに、この

済民救世＝民衆の困苦と世の中の乱れを救うこと

シェイクスピア＝イギリスの劇作家・詩人。一五六四〜一六一六年。エリザベス朝ルネサンス文学の代表者。「ハムレット」「オセロ」など数多くの戯曲を創作したことで有名

玩味＝意義をよく味わうこと

章句を**公案**としてその真意を感得することに一生懸命観念集中を行って、次第次第に、自分の病患の恢復がはかばかしくないのはあまりにも自我に即した**妄念**《もうねん》が終始心の中で**葛藤**《かっとう》を起こしていたため、天から生まれながら賦与されている自然良能力の発動を阻止妨害していたからであるということが、漸次《ぜんじ》に自覚されてきた。

　そこで、それから以後は「空《くう》」に徹する心を堅持することにひたむきに努めたところ、執着から離脱した無我の心が宇宙エネルギーから甦《よみがえ》りの力（ヴリル）を多分に収受することとなって、文字通り**厚紙を剝がすように**、全体生命に驚くべき活性がみなぎってきたのである。

　そして、そのすべての結果が、現在皆さんが目のあたりに見らるるごとき、われながら不思議に思うほど真の健康生命を、ただ単に肉体のみならず、精神生命にも創り出すことができたのである。

　したがって、こうした尊い事実を体得したということが、

公案＝坐禅のさい工夫する課題

妄念＝迷いの心

葛藤＝心の中のもつれ

厚紙を剝がすように＝本来は「薄紙を剝がすように」と使うが、ここでは一気に良くなるという意味で「厚紙」と表現している

よりいっそうこの箴言を作った強い理由を為しているのである。

であるから、そのつもりで皆さんもこの箴言の真意を心に**体して**、真人としての純正生活に徹せられたいと熱奨《ねっしょう》する次第である。

終わりに、参考のため、天風が**悟入正念**《ごにゅうしょうねん》することのできたシェイクスピアの章句と、自作の格言とを添記するので、どうか充分省察して、その**真諦**《しんてい》を把握されるよう念願する。

「慈悲というものは強《し》いらるべきではない。慈雨のように天からこの大地へ降りそそぐものだ」——シェイクスピア（木下順二《きのしたじゅんじ》訳）

「真の人生生活は、自己のためだけでなく、人類すべてのためにある」——天風哲人

体する＝身につけて守る

悟入正念＝真理を悟り、かつ深く思い念じること

真諦＝大事なところ

天風８箴言

人間の生命の力を向上的のものであると正しく気つかぬ人は只一生を平凡無為で終ることとなる

箴言八

人間の生命の力を　向上的のものであると
正しく気づかぬ人は　其《その》一生を平凡無為で終ることゝなる

The vital power of man is uplifting. He who does not find out this truth will end his life in mediocrity without achieving anything.

多くいうまでもなく、人間とは万物の霊長たる優秀な生物である。

したがって、その生命の力は当然向上的なものである。

それは、現在われわれが日々の事実の中で見聞する幾多の新しい発明や、価値高い創見等に想いを到らしたら、この重大な現実は、ただちに直感できるはずである。

然るに、それをそうだと正当に認識して人生を価値高く活きている人は、むしろあまりにも数において少ないかの感がある。

またそういう人に限って、いかなる現実を見聞しても、それは特殊な生まれつきの人か、さもなければ、およそ常人を卓越したその種の才能を、凡人にはとうていできない難行苦行の努力によって克ち得た特別の人と思い込んで、自分などには、そうした「力」は断然無いと、はなから自己断定をあえてしている。

しかも、この自己断定が、自己認識の不完全という軽率さから招来されたものであると気づいていない。

そして、この自己認識の不完全さは、自分人間というものの生命の力が生まれながらに向上的なものであるということを、正しく気づいていない大きい錯覚から生じたものなのである。

しかし、遺憾千万なことに、それさえもなおかつ自覚していないために、頭から自己の力を否定的に考えて、努力しさえすれば誰でも、男女の区別なく、自己を現在よりはるかに価値高く向上させることができるということを、いいかえれば人間の生命の力の本来は努力という推進力を与えさえすれば、ちょうど下り坂の車を加勢を与えて押したのと同様にきわめて容易に向上するものであるということを信じない。

そしていつも自分はだめだというように考えるという憐れ

な自己否定を平気で行う。するとその当然の結果は、何事に対しても、真剣な努力を継続的に集中させようとしなくなる。

現にたまたま努力するかと思うと、それがしばらくの間だけで永続しない人の多いのが何よりのよい証拠である。

これでは向上どころか、反対に自己向下《こうげ》を、知らず知らずの間に誘発することになるのみである。

しかし人間かりそめにもこうなったのでは、せっかく人間に生まれ出たかいがいささかもないということになる。

しかも、それもこれも、人間の生命の力に対する自信があまりにも曖昧《あいまい》であるからである。

およそ人間何が憐《あわ》れだといって、自己を信ずることのできないほど憐れなものはない。

そういう人は、努力さえすれば出世成功のできる人生を、あたらただ何年かその生命をこの世に活かしていたというだけで、結局は平々凡々でその生涯を終わるという愚かな終末で決算してしまう。

要約すれば、こうした人生は、人の生命の力の向上に対する自信欠如の結果から招かれるもので、曰《いわ》く**自業自得**というべきである。すなわち“Self done, Self have.”である。

したがって、自己の向上にいささかたりとも不足不満を感ずる人は、この箴言に即して、厳かに反省すべしである。

自業自得＝自分自身でつくりだした善悪の業《ごう》の報いを自分自身で受けること

天風9箴言

安定打坐法は正常なる思慮と断定とを生み出す絶対的密法であるから専心して践行努力すべし

箴言九

安定打坐法は正当なる思慮と断定とを生み出す絶対的密法であるから其心して践行に努力すべし

As the “ANJŌ-DAZA-HŌ” is the absolute and esoteric means to draw a right consideration, you must make efforts to practise it for such a purpose, on every occasion.

われらの天風会が、的確にかつ急速に心身の改造を現実にするべく、われらの人生教義とする心身統一法の要点をきわめて短時日の間に会得《えとく》させることを目的として、毎年夏期に本部および各支部において必ず開催する**夏期修練会**の必須的行修課目《ぎょうしゅう》として、参加会員一同に実修践行させる安定打坐法《あんじょうだざほう》（別名天風式坐禅法）が、この箴言表示の通り、正当なる思慮と断定とを生み出す絶対的な密法であることは、一度でも修練会に参加した会員は一様に、きわめて現実に、しかも簡単にその**妙諦**《みょうてい》を味得して充分にその真価を認識され、修練会で収受された各種の貴重な価値高い効果ある方法の中でも、**真理瞑想行**《ぎょう》から享受する真悟の妙諦と、この安定打坐法の実際効果が、特に特に出色した顕著なものがあると心から礼賛されるのは、毎度修練会の納会の際のいい合わしたよう

夏期修練会＝夏に行われる心身統一法を体得し修練する会

妙諦＝優れた真理

真理瞑想行＝安定打坐体勢で真理を聞く行修

な感謝の辞で感得される尊い事実である。

したがってこの理由は、安定打坐法という密法が即座に妄想念を制御静止して立ちどころに心鏡を払拭することによって、世人の多くが容易にできがたいと思い込んでいる無念無想＝最高心境＝**三昧境**《さんまいきょう》＝Samādhi にきわめて簡単容易に到入することができるからである。

いいかえれば、われわれの心境が無念無想という最高心境に到入すると、科学的にいえば宇宙創造の根本要素＝ＰＣ・Ｈ（**プランク常数Ｈ**）と人間の生命とが融合一体化するからで、これをさらに哲学的に表現すれば、**神人冥合**《しんじんめいごう》の現実化が**具顕**《ぐげん》して、神＝大自然のもつ叡智《えいち》が無条件にその心の中に流入するからである。すなわちかの**ヘーゲル**のいった、宇宙に遍在する妥当性という目に視《み》えない、しかも絶対的に貴重なる実在と、完全に心が合一状態になるがためである（このことに関してのもっと詳しい学術的説明は、修練会に参加した人々に頒布《はんぷ》した『安定打坐考抄』という天風の著書をもう一

三昧境＝一つのことに没頭し、雑念から離れた忘我の境地

プランク常数Ｈ＝「気」を構成する微粒子。ドイツのプランク博士（一八五八年生まれの理論物理学者）の導き出した常数。熱放射力学等を研究し、ノーベル物理学賞を受賞

神人冥合＝宇宙の根源と人間との結合

具顕＝具体的に明らかになること

ヘーゲル＝ドイツ古典哲学の代表者（一七七〇～一八三一）

度熟読して思い起こすがよい)。

ところが安定打坐密法が顕著な現実的効果のあることを修練会で知得した人の中で、修練会が終わった後も、修練会期に実行したときのような情熱を燃やして常にこれを励行し、人生に甚大な効果と幸福を実際的に享受している人ももちろん多数おられるが、ときにたままこれを心ならずも怠るともなく怠る人がいるのをわずかな数であるが見聞することがある。

天風が新箴言の第九項にこの箴言を作為したのも、やはりそうした遺憾な人がときどきいるためにほかならない。

要するに、その種の人々は、宝の山に入りながら手を空《むな》しくして帰る人と同様だといってよいと思う。

であるから、万一この記述を読んで、ハッと自己の心に強い反省を感じることがあったら、その**刹那**《せつな》から初心に返ったつもりになって、あらためて情熱をかきたてて践行に努力されるがよい。

刹那＝瞬間

現に往年、禅家の名僧で活き仏とまでいわれた一代の善智《ぜんち》識《しき》、**石川素童**《いしかわそどう》師が、**東郷元帥**《とうごうげんすい》や**杉浦重剛**《すぎうらじゅうごう》先輩等とともども、初期時代の修練会に参加され、この密法を践行された際、感慨深くいわれた言葉を特に皆さんの行修に対する貴重な拠《よ》りどころとして書き添えることとする。

禅師はこういわれた。「こんな訳なく接心《せっしん》のできる近道のあることも知らず、何と何と、永い永い間、**深山幽谷**《しんざんゆうこく》の中や険しい山坂を苦しい思いをして歩いていたと同じ苦行で行修し、さてさて接心把握の至難のことよとつくづく坐禅行の味《み》得《とく》徹底の難しさを痛感していたものであった。〝どの道を行くも一つの花野《はなの》かな〟ではあるが……しかしこのたびこの優れた真理を授かりしこと、何ともいえぬ仏恩でした……しかしこの密法は、一般の苦行僧には、容易に**授戒**《じゅかい》すべきでないと思うというのは、こんな安易な方法で簡単に接心せしめると、宗教の**真諦**《しんてい》を往々蔑ろにする者ができるおそれがあるゆえ云々《うんぬん》」と。

石川素童＝曹洞宗鶴見《そうとうしゅうつるみ》総持寺《そうじじ》の貫主。一八四一～一九二四（天保十二～大正十三）年

東郷元帥（平八郎）＝明治・大正期の海軍軍人。一八四七～一九三四（弘化四～昭和九）年。バルチック艦隊を日本海海戦で全滅させたことで有名

杉浦重剛＝明治・大正期の倫理学者、国粋主義的教育者。一八五五～一九二四（安政二～大正十三）年

深山幽谷＝奥深い山と谷

授戒＝仏門に入るものに戒律を授けること

たしかに禅師のこの言葉はそれが僧門の人であろうと、普通の人間であろうと、まことに貴重な反省を与えられた誡語《かいご》であると思う。要は私が常々口ぐせのようにいっている“lightly come, lightly gone.”（得やすければ失いやすし）を厳戒された一大偈辞《げじ》だからである。

多くいうまでもなく、反省は価値ある更生への動機となる。

なお、厳かに内省検討してみよう！

今自分は、日々の人生生活の際、しばしば与えられるであろう「接心」（無念無想への一貫道程）への貴重な機会を、安定打坐の践行をおろそかにすることによってあたら逃がしていやしないか……それがあまりにも安易な方法であるだけに……。

そして万一そうであったならば、もっともっと生命存在の瞬間瞬間を重大視して、常によりもっと活きがいのある人生を作為することに心を真剣にふり向けることに心から努力し

真諦＝絶対的・究極的真理
誡語＝戒めを説く言葉
偈辞＝真理のことば

ようと厳かに反省するがよい。古歌に、

「今いまと今という間に今ぞなく、今という間に今ぞ過ぎ行く」

というのがある。

まことに虔《つつま》しやかに心すべきことである。

天風10箴言

日々更新の宇宙真理に順応するためには先ず自己の心を日々更新せざるべからず

天

箴言十

日々更新の　宇宙真理に順応するのには
先づ自己の心を　日々更新せしめざるべからず

The universe is renewed day by day. To live our lives in compliance with this truth of the universe, we must, first of all, renew our mind every day.

多くいうまでもなく、日々更新、すなわち日々新たにして、日に新たなりという大事実は、尊厳犯すべくもあらぬ絶対的な宇宙真理である。

この現象事実は、要するに、宇宙の本来が進化と向上にあるためである。

ところが、この真理と事実とが実在するにもかかわらず、しかも万物の霊長たる人として生まれたものの中にいささかといえども、更新を現実化せず、いわゆる十年一日同じような状態で、すなわち何の進歩も向上もすることがなく、ただだらだらと、この貴重な人生をもったいないことに無為に活きているという人が相当多くいるのが現在の人の世のありさまである。

それも、時代が非文化時代ならさもあらばあれ、今や文字通り日進月歩的な文化時代に、このような事態であるというのはどういう理由かというと、それはこの箴言に掲記した通り、日々更新の宇宙真理に順応する肝心な用意を欠いているからである。

その用意とは、これも箴言にあるとおり、自己の心の更新である。

すなわち自己の心が、現実に更新されない限りは、この日々更新という宇宙真理に絶対に順応することができないからである。

分かりやすくいえば、順応条件が不調和になるためである。

もっと詳しくいえば、自己の心を現実に更新するということをおろそかにすると、人生に一番大切な精神態度を積極的に堅持するということが、どうしても思うようにできがたくなる。すると知らず知らずの間に、精神態度が消極化してきて、人間の生命確保に直接的に大きい支障をきたす。怒りや悲しみや怖れ、あるいは心配や煩悶や懊悩《おうのう》等々というような、価値のない消極的感情情念が絶えず実在意識領に続発してくる。

そして、その当然の結果として、日々更新の宇宙真理に、どうしても順応することが不可能となる。

そうなると、人生はただ向下《こうげ》の一路をたどることとなり、憐れにも万物の霊長が名ばかりのはかなき存在になっていかざるを得なくなる。というのはその一切の結果が、進化に逆転することになるからである。

このことは、世間にはっきり実例として存在している。現に相当立派な理智教養をもっていても、一向にたいして出世もなさず、また長い間実際的な業務に忙しく働いてきて多分の経験をもちながら、格別注目すべき成功もせず空しく老境に達入《たつにゅう》し、いわゆる「日暮れて途遠《みち》し」の感を抱く人が現在の世の中に相当多い。

これはつまり、自己の心の更新という大切なことを、無自

懊悩＝悩みもだえること。また、そのさま

覚なままにおろそかにしているから生じた結果である。

とにかく、こうした厳粛な事実に**想到《そうとう》する**と、真理に順応して、その生存と生活とを確保する人生教義を、体得実行し得る貴縁《きえん》に恵まれたお互い天風会員は、ほんとうに仕合わせだと心から感謝しないではいられない。

というのは、われわれ会員が統一道の教義の中から修得させられているあの**観念要素の更改法**や**積極観念の養成法**および**神経反射の調節法**、さらに修練会において践行する真理瞑想行や安定打坐密法等々の、そのすべてがいずれも、心の更新を完全に現実化する貴重な実際方法であるからである。

そしてそれを真実に立証して余すところのない事実は、教義を真面目に実行する会員は、そのすべてが文字通り「日々新たにして、また日に新たなり」の大真理の示す通りの、**第一義**的なまことに幸福に恵まれ輝く、すなわち、私は「よろこびだ、感謝だ、笑いだ、**雀躍《こおどり》**だ」と、どんな人生に直面しても、常に**欣々快々《きんきんかいかい》**たる人生に終始しているのが、何よりの

想到する＝考えが及ぶ

観念要素の更改法＝潜在意識領を浄化する方法

積極観念の養成法＝消極的になりがちな実在意識を積極化する方法

神経反射の調節法＝神経系統を安定させる方法

第一義＝最も根本的で大切なこと

雀躍＝こおどりして喜ぶこと

欣々快々＝非常に喜ぶさま

立派な証拠である。

しかし、天風が切実に念願していることを具体的にいえば、この自覚を正しく心にして、心の更新に真剣に志す人が、ますますこの現世にその数を殖《ふ》やしていくことである。

そうすれば、現代の世に多い自己本位のみに汲々とし、卑しむべき**第二義**的な欲望に燃ゆる人の数は少しずつ減少し、わが天風会のディクラレーション（宣言）に明記してあるような、純正なる真人の正当意欲である人の世のためにひたむきに貢献しようと思う人が、必然的に殖えてきて、お互いの住む人の世が、もっともっと美しく尊い、本当の人間の住む理想的な価値の高い活きよい世界が作為されること必定《ひつじょう》なりと、断乎として信念するがゆえである。

こいねがわくは会員諸子よ、皆さんがこの天風の意のあるところを心に刻んで、よりいっそうの真剣さで、心の更新の実践実行に精進《しょうじん》されて、その尊い現実の模範を世の人々に示されて、修養**大悟**《しゅうようたいご》の真実を具顕《ぐげん》されんことを、広き意味にお

第二義＝根本の意義ではないこと

大悟＝迷いを去って真理を悟ること

いての人類幸福のために心より**祈望**《きぼう》する次第である。

祈望＝祈り望むこと

天風11箴言

真の平和の世界を作為せんと
欲するものは先づ個々の家庭
平和を確立することを實行すべし

箴言十一

真の平和の世界を作為せんと欲するものは
先づ個々の家庭平和を確立することを実行すべし

Those who wish to make up the peaceful world should act first to establish the peace of their individual home.

世界平和ということはあえて今さらの問題ではなく、いつの時代においてもまことの人々の祈望する現実の念願である。

しかるに、世界推移の実際をみると、たとえ半世紀の短期間といえども、全世界のどこにも何らの民族的トラブルが絶無であったという、いわゆる真の平和時代というものは、かつての過去において絶対になかった。

もっとも識者の中には、それもまた平和たらんと意図する人間欲望から生まれる**随伴的**《ずいはん》事態であるという人もある。

もちろんそう考えられる場合もないではないが、むしろその大部分は、民族相互の生存確保に対する利害関係の相剋《そうこく》がその主因をなしている場合が多く、しかも、その主因事実よりも、そのトラブルの解決途上における感情問題という心理

随伴的＝あること（もの）に伴う

現象が、もっと早く和解のできる場合をも、ことさらに紛糾におとし入らすべく余儀なくしている実際傾向のあるのは、過去の史実がこれを証明してあまりがある。

多くいうまでもなく、およそ事物の判断に感情が混入すれば、勢い公平な結論を出すことを妨げるということは、何人《なんぴと》といえども冷静**虚心**の場合には考察できることである。

それが、いざ実際的事実に直面するとなると理屈と事実とはいつも逆になって、特に冷厳であるべき国際的重大な問題に対しても結局はお互いにいつしか感情本位になって、容易に事態の収拾も解決も**進捗**《しんちょく》しないという実状が、むしろ普通の状態になっている。

しかしこれでは、世界平和ということは、ただ通りいっぺんのお題目にすぎないこととなって、しょせんはできそうでなかなかできないという空文《くうぶん》的くり返しだけを、世界推移の過程とするだけのこととなる。

しかもこのくらいのことは、誰でも十分知っているはずの

虚心＝心にくもりや迷いがないこと

進捗＝物事が進みはかどること

ことではないだろうか？

にもかかわらず事態まさにかくのごときは、要約すれば個人個人の人生生活が、あまりにも平素、感情重点主義で行われているということが、その大きい素因をなしているといえる。

いや、もっと極言すれば、そうした決しておろそかにできない事実さえまったく気付かないほどの無関心さで、反対に感情重点生活こそ人間生活の当然の態度のようにさえ思っている人が多いからである。

その証拠には、家庭以外の人に対しては忍べることも、家庭内においては断然忍べない。それどころか、忍ぶ必要がないようにそれを当然のことのように思っている人がいかに多いかである。よくよく考えてみれば、家庭生活の大部分を感情重点主義で行われているような人が、自分自身自己のその点を知る知らざるとを問わず、それが習性化している以上、その習性化されている人々が社会や国家を形成している限りは、勢い世界平和というものは、その実現の日を遠い将来におかざるをえなくなると思われる。

なぜならば、感情重点主義の生活を行う家庭には、真の平和というものがないからである。

真の平和とは、お互いに克己《こっき》し、お互いに自制し、お互いに相譲り、相敬い、相愛し、相たのしみ、相導き、相助け合う、という完全調和の美しい気持ちが、家庭組織の各個々人にもたれているということが、何よりの先決条項である。

感情重点主義の人には、これらのどれもがいつも公平に実行できない**憾**《うら》**み**がある。

したがってこうした真の平和生活のでき得ない人々が相集って結成した社会国家が、前掲の通りどうして真の平和を**期**《き》**成**《せい》することができるであろうか。

多くいうまでもなく、民族意識の総和と統合が、その国家の結成要素をなすがためである。

したがって、真の平和内容の欠如した国と国とが世界を形

憾み＝残念なこと

期成＝必ず成就《じょうじゅ》させようと互いに誓うこと

成している以上は、既述した通り、真人の祈望する真の世界平和はほど遠い後代に待つ以外に方法なしといっても決して誤った断言ではないと思う。

なおあえていう。「**請《こ》う先《ま》ず隗《かい》より始めよ**」のたとえの通り、真の世界平和建設の主要素は、いうまでもなくすべての個人個人の家庭生活をまず真の平和境とすることに努力すべきである。

按《あん》ずるに、これぞまことに久劫《くごう》の昔より永遠の将来まで、明らかに一貫する世界平和建設の絶対真理なりと、断乎として確信するものである。

　争うに先立つことなかれ
　和するに後るることなかれ

隗より始めよ＝中国の故事の一つ。「遠大なことをなす時は、まず卑近なことから始めよ」の意味

按ずるに＝考えるに

天風12箴言

完全な人生を活きんと欲する者は
何を措いても現在の瞬間を
価値高く活きることを心がくるべし

箴言十二

完全な人生に活きんと欲する者は
何を措いても現在の瞬間を　価値高く活きることを心かくるべし

Anyone who wants to live a perfect life should make efforts, before everything else, to live highly in value at this present moment.

およそ人としてこの世に生まれし者が、誰が不完全な人生に活きようと思う者があろうやである。

一度生まれて、一度死ねば、ふたたび味わうことのできないという峻厳なものがわれらの人生であると思うとき、何人《なんぴと》といえども、でき得る限り、人生を完全な状態で活きたいと思うのが、全世界の人類の共通的欲求である。

ところが、その人類の共通的欲求の通りの完全な人生に活きている人が、現実において果たして何人いることであろうか。

遺憾ながら、われらの見聞するところでは、絶対に「無」とはいわないが、われら天風会員のごとく完全な人生に活きている人というのは、俗世間にはきわめて少ないのが事実である。

否、多くの人の中には、完全な人生とは健康難や運命難を克服し、いつも人生を明るく朗らかに、活き活きと勇ましく活きることであるという、完全人生に対する真実のあり方を正しく理解していない人すらあるのである。

またそれをそうだと正しく理解している人でも、それを現実にわがものにするのには、どうすればよいかというその方法手段に対して、正しい認識をもっている人が、これまた極めて少ないのである。

その概《おおむ》ね多くは、第二義的な手段や方法をもって、この極めて重大なる人生問題を解決できるかのように誤った考え方で**思量**している人がいる。

すなわち第二義的なる手段方法とは、いわく「金力」か「権力」をもってすればということである。

そしてそういう人は、金を儲けることや、地位名誉を克ち得ることに、日もこれ足らずとばかり汲々としている。

がしかし、金力や権力では、とうていこの人生問題は容易に解決されないということは、歴然たる事実で立証されてい

思量する＝思う

る。

　というのは、金持ちやまたは地位のある人が、常に健康難や運命難に虐《しいた》げられて、気の毒なほどいわゆるやるせない人生苦に悩んでいる人が相当に多い。

　よしんば自分自身の健康に何らの異状がなくても、家族の中に病弱者がいたり、あるいは現在の運命に安住することのできない者がいたりするというような事態に、人知れぬ苦悩をもって今日を生活している人が、どれだけ多いかしれないのである。

　これはとりもなおさず、金力や権力には、完全人生の建設という問題を解決する「力」がないためである。

　ところが、それをそうと考えないで、どんな病に侵されても、金力権力をもってすれば設備の完全な病院にも簡単に入院ができ、名医の治療も請《こ》えるし、名薬も意のごとく手に入れること極めて容易だと思う。もちろんそれはそうかもしれないが、それではそうすることができれば、いかなる疾患も必ず**快癒**《かいゆ》するかというと、事実は決してそうでないということは誰でも知っていることと思う。

否、金力で健康難が克服できるとしたら、世の中の金持ちは皆いずれも健康美の所有者ばかりのはずである。

またそういう事実が、万一あると仮定したらどうであろう？　恐らく一番先にその影響を蒙《こうむ》る者は、一般の医家や製薬業者であると思う。率直にいえば、患者の全部がすべて貧しい人々ばかりとなると、医家や製薬業者は相当その実生活に響くものを感じると思う。しかし事実はというと、反対に貧しい人々のほうに健康者が多いという現実の皮肉があるのである。

事態まさにかくの如しであるから、ましてや運命を克服する力は、金力や権力には、相対的以上の絶対的のものは断然「無」なのである。ところがそれをそうだと正しい認識を多くの人がもたないのは、遠慮なくいえば、物質文化のみが極度に発達して、厳密にいえばこれと相対発達をなすべき精神

快癒＝病気が治ること

文化のほうが、むしろ置き去りを受けているという文化の偏部発達のもたらした結果にほかならない。

これをさらに適切にいえば、そのために人々が人生を考える場合の常識に、物質的な肉体のみを重視して、断然ゆるがせにすることが許されない精神というものを蔑視するという欠陥を生じていることに気付かないためである。

もっとわかりやすくいえば、物質的な肉体のみを、生命を考えるときの重点にする人々は、精神生命のもつ人生および生命に対する偉大な「力」というものの現実的価値を、われわれ天風会員が認識しているように、正当に認識することが不可能になるためである。

だからその当然の帰結として、完全人生の建設＝健康難や運命難を克服する「力」は、われわれの精神生命に実在しているという天風会員の誰でもが信念しているような尊貴な認識は、毛頭ないのである。

したがって、彼らの日々の人生生活は、知らず知らず肉体偏重主義に、誤っていることを覚《さと》らずして**降堕**《こうだ》してしまっている。

そしてわれら天風会員のように、完全人生の建設は、何をおいても人生に活きる現在の瞬間を、いかなる場合にも、たとえ身に病があろうとも、また運命に非なるものがあろうとも、できるかぎり心の態度を積極的にしてその事柄に対応し、いいかえれば心の尊さ、強さ、正しさ、清らかさを冒瀆《ぼうとく》しないよう、決して病や運命に心を負けさせない活き方＝すなわちそうした活き方をしてこそ、価値の高い人生に活きることになるのだという尊い人生真理を全然知らないのである。

俗世間の人々の中に、われら天風会員のように、即座に精神態度を自由に積極化し得る各種の貴重な方法や手段を会得している者が断然いないことに**想到**《そうとう》すると、限りなき感謝を感ずると同時に、よりいっそう心身統一の真理の践行に努力する情熱に燃ゆることと確信する次第である。

降堕＝よくない傾向におちいる

想到＝思いが行き着くこと

天風13箴言

人生に対して恒に積極的精神を堅持せざるものは 健康や運命の勝利者にはなれない

箴言十三

人生に対して恒に積極的精神を堅持せざるものは健康や運命の勝利者にはなれない

Anyone who holds a positive attitude of mind toward his life will always be the victor in his health and fortune, and without this attitude he will be defeated.

この箴言の註釈は、今さら事新しく説明する必要のないほど、われら天風会員のすべてが十分知っていることである。

というのは、毎回の講習会で講述する心身統一の先決問題として教示する観念要素の更改、積極観念の養成、神経反射の調節の各法が、要約すれば、この箴言に掲載してある目的を完遂《かんすい》させるために組織されたものであるからである。

がしかし、心身統一の実際方法を知らない人々は、事実においてほとんど大部分といってよいほど、このゆるがせにはできない重要なことを案外自覚することなく、この貴重な人生に活きている人が残念ながら数において極めて多いのである。

そのために、当然健康で幸運で活きられる万物の霊長たる人間に生まれながら、もったいないことにその一生を、むし

完遂＝完全にやり遂げること

ろ健康も運命も常に思わしくない価値なき状態にして、少しも人生を有意義に活きていないのである。

これというのもつまりは、人生建設の根本はただひとえに精神に在りという峻厳なる宇宙真理を、正しく理解していないからである。

そしてその種の人は、ややともするとただ肉体に施す方法のみで、有意義な人生が建設できるかのように判断している。

これが極めて軽率な判断であることは会員諸子はつとに明瞭に理解されるところであるが、いかに文化が物質方面にのみ進歩して、一方決しておろそかにしてはならない精神文化がまるで置き去りにされたような状態であるとはいえ、あまりにも精神態度を軽視する人の多いのには、実際、呆《あき》れざるを得ない現状である。

よい例として昨年夏入会したある中年の紳士の一人が、入会と同時に杉山《すぎやま》博士（現会長）に「天風会の食生活は？」と

質問した。そこで博士ができる限り植物性のものを本位とすると答えると、

「実は私は昨春以来、高血圧症になり健康法の某大家からやはり植物食を奨《すす》められ、およそこの一年間動物性のものは干《ひ》ものも口に入れないようにしていたのですが、一向血圧が思うように下がらないのです。そのためいささか植物食に対する気持ちが動揺しているのですが、ほんとうに植物食がいいのですか」

というので、

「もちろん！　人間の健康建設には植物食を絶対に必要とする。君の血圧が正常な状態に戻らないのは植物食のためではない。察するに君の血圧の下がらない理由は、もう一つ君の気付かぬ点にあるのだと思う」

と博士がいうと怪訝《けげん》な面《おも》持ちで、

「私の気付かぬ点とは？」

というので、博士が、

怪訝＝不思議で納得のいかぬさま

「君は今もいう通り、せっかく血圧の降下のみならず健康確保のためもっとも効果のある植物食を実行していながら、その一方でやってはいけないことをやっていると思う。それはほかでもない、絶えず血圧のことを気にすることだが、どうだね？　血圧を気にしていないかね？」

といううと、

「それはもちろん、それが私の食生活を植物性のものにした理由ですもの、気にせずにはいられません。ですから三日にあげず血圧を計っています」

とさもさも当然のようにいうので博士が、

「そうか。では毎日もう下がった？　今日はどうだろう？という気持ちで、それのみを気にしているんだろう」

というと、

「その通りです」

とハッキリ答えたので、

「それだよ、君の血圧の下がらない理由は。もっと詳しくいえば、たとえ植物食で血圧も下がり健康も良好になるような理想的なアルカリ性の血液ができても、すぐそのそばから血圧を気にするという神経過敏な消極精神を心に抱いてしまっては、そのよくない精神影響を受けると即座に血圧がたちまち上がってしまうので、いいかえると積むそばから崩すのと同様のことをしているからだ。要するに、君の血圧の下がらないのは君の精神状態が消極のためなのだ。だから植物食を励行すると同時に、講習会で教えられた積極精神を作るのに必要とする各種の方法を実行して、血圧を気にするような神経過敏な消極的な気持ちを現実に矯正《きょうせい》したまえ」

と**懇《ねんご》ろに**訓戒された。

そこでこの人はその後いっさい血圧を気にしないで、もちろん血圧も計らないでいると、主治医が不審に思い、

「このごろ血圧を計りに来ないがどうした」

というので、

「もう血圧のことは念頭にしないことにしました」

懇ろに＝ていねいに

と答えると、

「冗談じゃないよ君、そんな無茶なことといってはいけない、とにかく計ろう」

と無理やりに検査すると、何と理想的な健康血圧なので、

「おかしいぞ、こんなはずはない」

ともう一度念のため計ってみるとやはり異状がないので、

「君の血圧は植物食を励行しても容易に下がらないやっかいなものであったが、今日計ると断然よくなっている。何か他の方法をやったのか」

と聞いたので、

「実は天風会員になって積極精神を作る実際方法を習得して励行しています」

と答えた。するとそれを聞いた主治医は、非常に感激されて、

「僕も入会しよう」

といって即座に会員になって、今さらながら自然良能作用

と精神状態がすこぶる密接な関係をもっていることを痛感し、これからほんとうの医者になりますと、家族および看護婦までも入会させて目下熱心に聴講されている。

以上のような実例は、正直にいうと**枚挙《まいきょ》にいとまがない**ほどで、それを要約すれば、人間の精神状態が、その生命活動の運営の要《かなめ》にあたる神経系統の作用に、ものの声に応ずるように、すなわち打てば響くように影響反映するためである。

事実において、神経系統の作用に万一不調和が生ずれば、生命エネルギーの収受もまた配分も、一切がその調節を欠如してくる。したがって先述した通り、いかに他の合理的な養生法や健康法を実行しても、肝心の神経系統の作用が不調和になると、コイルの配列に不完全をきたしたモーターにいくら良性の潤滑油を注入しても、またその他の手入れを行い、さらに強力な電流を通じても、規定通りの良好な回転は**具現《ぐげん》**しないのと同様なのである。

ただし、モーターのコイルの調整作用はモーター自身には

枚挙にいとまがない＝数えきれない

具現＝はっきりとわかる形で現れること

存在していない。

しかし人間の生命の中でコイルに該当する神経系統は、精神態度がその作用を妨害しない限りは、神経系統それ自身に自然的調整作用がある。そしてその最も理想的な精神態度とは、精神の絶対安定した状態をいうのである。

要するに、天風教義の真髄たる心身統一の先決問題に、精神態度の積極化を力説するゆえんもまたここにあるといわねばならない。

これあるがゆえに、ますます**銘心堅固**《めいしんけんご》に天風教義を実践されて、宇宙真理に順応し、正々堂々健康と運命の勝利者としての現実を発揮されんことをあえて心より推奨する。

銘心堅固＝心に刻みつけ、しっかりと定めて動かないこと

天風14箴言

人生に最も注意すべき事は得意の時は一しほ心の備へを緩めぬよう心かけることである

箴言十四

人生に最も注意すべき事は　得意の時は
一しほ心の備へを緩めぬよう心かけることである

We must be most careful in life not to be off our mental guarding
still more at the time of our best days.

事実において、人々の多くはとかくこうした大切なことを案外軽視する傾向がある。

そして得意感を心が感得した際は、たいていの人がたちまち有頂天になって、その結果として心の備えを緩めがちである。

そして心の備えを緩めると、それから因由的《いんゆ》に運命や健康上に、往々にして軽視することのできない破綻《はたん》をひき起こすことが、事実的にすこぶる多い。

ところが、それを少しもそうかと自覚せず、むしろ当然のように思って何ら反省もしない人が少なくない。

それでは、その心の備えを緩めるというのは、そもそもどんなことかというと、要言《ようげん》すれば心の自律的統御をおろそかにすることなのである。

因由的に＝それが原因となって

これをもっとハッキリ理解するには、武道のほうでいう「残心《ざんしん》」ということを、正しく考察するのが最もよいと思う。

この「残心」という言葉は、要約すれば、闘い終えたときの心構えということを意味するのである。いいかえると武道に志す者の心の備え方に対する戒めなのである。

わかりやすくいえば、闘う前の心構えと、闘う最中の心構えと、闘い終わったときの心構えに、いささかの差別もあってはならないという戒めなのである。

すなわち、闘い終わったときも闘う最中と同様、かりそめにも安易に心を緩めるなかれということなのである。

特に勝利を克ち得たときは、特にこの心構えを厳重にすべしと戒めている。

なぜならば、誰でも勝利を得ると、勝った！　という得意感＝安心感が即座に心に生ずるものである。すると同時に心の備えに緩みが生じて、武道家の最も怖れる隙《すき》というものが付随して生じるからである。

この隙というのは、心理学的にいうと、「放心から生ずる有意《ゆうい》注意力の欠如」という心理現象なので、この心理現象が精神生命の内容に発生すると、心のもつ**応変**可能な自在性という大切なものが萎縮される。

これもとどのつまりは精神生命内に存在する一種の**報償《ほうしょう》作用**なので、そうなると当然、心の働きが萎縮的になって、さらに心身相関の結果として、自然と肉体の活動も消極的な束縛を受けることになる。

すなわち、武道のほうでいう体くずれ、または構えやぶれという状態になる。要するにこの状態を隙というのである。

だから「残心」というのは、事前事後いかなる場合にも隙を作らぬよう心に備えを持てということなので、いいかえると、**古諺**《こげん》の訓《おし》える「終わりを慎むこと始めのごとくあれ」というのと同様のことなのである。

したがって、ここで最も正しく理解せねばならない肝要な点は、この「隙を作らぬ心＝残心」の心構えとはどんな心構

応変＝変化に対応する

報償作用＝損害をうめあわせる作用

古諺＝昔のことわざ

えなのかということである。

この心構えの実際の状態がはっきりわからないと、心の備えということが、言葉や文字で一応わかったように感じても、真実なものを実感的に心に把握することはできない。

しからば、「残心」という心構え＝隙を作らぬ心構え、換言すれば隙のない心こそが本当の心の構え方だという、その状態とは、そもそもいかなる状態かというと、すなわち終始一貫同一不変の平静の心、古語にいう「一以《いちい》貫之《かんし》」（一つの心でこれを貫け）というのと同様の心構えである。これを禅の方では「大定心《だいじょうしん》」といい、また「独坐《どくざ》大雄峯《だいゆうほう》」とも称している。

これをわかりやすくいえば、「大定心」というのは、どんなとき、どんなことにもいささかも動揺せぬ心、いいかえると、いかなる場合にも、怯《お》じず、怖《おそ》れず、急《いそ》がず、焦《あせ》らず、いつも淡々として極めて落ち着いている心である。これをもっと適切な状態でいえば、「何事もないときの心と同様の心の状態」である。あの古い句で有名な「湯上がりの気持ちを欲しや常日頃」というのが、この心持ちを最も真実に形容表現している。

要するに、何事もないときの平静の心こそ、大定の心なりということである。

これで、「残心」というのが充分理解されたと思うが、なおよりいっそう理解を明瞭にするには、天風会発刊の『**哲人哲語**』という書冊《しょさつ》の中の「残心偈」および「再叙残心偈」を読まれることを奨める。

しかしこの「残心」という心構えは、何も武道に志す者だけに対する戒めではなく、すべての人間生活に共通して必要とする心の備え方なのである。

それは何もこの消息《しょうそこ》は格別人生の深いところに想到せずとも、極めて浅いところに存在する事実で、すぐにわかることと思う。すなわち近頃の事業界にみられる現象の一つとして、昨日までさながら**旭日昇天**《きょくじつしょうてん》のごとき勢いを見せていた

『哲人哲語』＝昭和三十二年、天風会から発行された著者のエッセイ集

旭日昇天＝朝日が昇るように、勢力の盛んなこと

企業家が、突如として急転直下的に倒産するケースがかなり多いという事実について考えてみるのがよい。

これらのことを概して経済界のフラクチュエーション（変動）と結びつけて推論したり断定したりする人が、専門の経済評論家の中にさえ相当多いようであるが、そのためであろうか、近来しきりと経営方策や企業機構の改善というような推定形式を中心とする方法で、あるいはこれを防止し、あるいはこれを処置しようとする特異な風潮が、何か現状の経済情勢に対応する最良の方法であるように考察されている傾向が顕著にある。

しかし事実は遺憾ながら、それが決して妥当な推定でもまた方法でもないことを、次から次へと倒産者の続出するという現実の事実で立証されている。

それはあたかも、政治家がいくら政策を改善し、あるいは社会機構や設備を考量工夫しても、一向に暮らしよい明朗な世の中が**現顕**《げんけん》しないのと同様で、つまりこの世の中は各人各

現顕＝はっきりと現れること

様異なる心をもつ人の世界である以上、理論一辺ではとうてい解決するものでないからである。

要約すれば、企業界に倒産者の頻出するそもそもの主因は、仔細に観察するまでもなく、経営者およびその従業者の心に肝心な備えというものが欠如しているからであるということを往々にして発見する。

すなわち、一時的な好況に煽《あお》られてなされた高度成長に眩《げん》惑《わく》されて熱を上げた得意感……すなわち反省のない調子に乗った有頂天的な精神状態が、すべての悪結果を育てる温床になっているのである。

しかもこの実際傾向は、あえて企業界方面のみでなく、人生に一番大切な健康ということに対してもまた同様である。たとえばよく世間で非常に健康であった人が突然取り返しのつかない大病にかかるという実例がしばしばある。

これも要するに平素の健康に有頂天になっていたわけで、暴飲暴食、その他無軌道《むきどう》的無節制に何の反省もない、すなわ

眩惑＝目がくらみ、惑うこと

ち心の備えのない無準備無自覚の生活であえて活きていたからである。

要言すると、この種の人の心をとくと検討すると、平素の人生生活に活きる際、心の備えどころか、心の状態をその時その時によって、猫の目のように変異させてしまって、極言すれば、心というものを天風教義で厳戒している感情や感覚の奴隷にあえてしている。そしてその結果、心は絶えず安定を欠いて動揺の状態にある。

これでは結局、生命の確保と運営の中枢に相当する何よりも大切な神経系統のボルテージが低調になるから、いくら生まれつき健康な人間でも、ある時期が来ると急激に健康状態に変調をきたすのは当然である。

こういうことがあるから、私は常に「完全なる人生」に活きるには、まずその先決問題として心の態度を積極的に堅持せよと力説し、その作成要諦の中に、有事《ゆうじ》無《ぶ》事常若無心《じじょうじゃくむしん》ということ、すなわち執着なき心を平常心として、人事世事一切の人生に対応していくべきであることを講述しているのである。

要するにこの平常心をもって人生に処すれば、得意のときにもまたそうでないときにおいても、心に高低する波動的変動が来ないから、あえて特に意識的に用意しないでも、極めて容易にそのままの心で「残心」の要訣と同様の、心の備えに緩みのない理想的な心の態度が現実化しうる。

すなわち、皆さんの多くがご存知の私の愛誦詩句《あいしょうしいく》である、あの六然訓言《りくぜんくんげん》の中にある「**得意淡然《たんぜん》、失意泰然《たいぜん》**」という心的態度が、特別な努力を要せずして実行できる。

これはせんじつめれば、波動のない平常心には、当然の相対比例として心の態度に何ら著しい落差が生じないからである。

英語の名言集の中に、

“You had better pretend to be happy when you are blue.” (不幸なときこそ幸せそうに振る舞え)

得意淡然、失意泰然＝得意満面の絶頂期でもさっぱりとして浮かれることなく、失意の状態のときでも落ち着いて動じないでいること

というのがあるが、これも、特に失意のとき、心に落差を作り出さないということである。いいかえれば心をつとめて無波動的にして、それを平常心とせよという言外の意味のある言葉と考えてよいと思う。ただ問題なのは、普通の人はわれわれ天風会員のように、意のままにならない場合にも**如意境**《にょいきょう》にあるときと同様の心に、その心を振り替える観念要素の更改法や積極観念の養成法、さらに神経反射の調節法といったものを十分に理解していないから、文句やその言い回しには相当のエクスタシーを感じるかもしれないが、思うになかなか心の状態を変えられぬという悩みを感じているであろうと推測する。

しかしこうした実際問題を考慮すると、お互い天風会員は心の操縦法を会得しているので本当に幸福だと思わざるをえない。

されば心をより更に、より新たにして、現実にこの箴言を実践することにしよう。

如意境＝思いのままになる状態

悪い習慣をつけぬようにすることは、悪習慣を破るよりやさしい。

〈参考〉
私の揮毫《きごう》する六然誦句《りくぜんしょうく》について

私が左の、

自処超然　処人靄然《あいぜん》
無事澄然《ちょうぜん》　有事斬然《ざんぜん》
得意淡然　失意泰然

という六然誦句を好んで揮毫することは、修練会を行修した皆さんならよくご存知だと思うが、この誦句は誰あろう、かつて日露戦役のときの有名な日本海の海戦の折、大胆にも海戦に最も危険率が多いといわれる敵艦との対角戦闘法を強行して、なおかつ完全なる大勝利を上げ、がぜん東洋のネルソンという英名を一挙に克ち得た名提督東郷元帥の愛誦句なのである。

揮毫＝書画をかくこと

詳しくいうと、頃は大正の十年の初夏であった。ある日私が**頭山満恩師**《とうやまみつる》と当時第一高等学校の名学生監であった谷山初《たにやまはつ》七郎《しちろう》氏の来訪に際し、いわれるままに揮毫をしていたときのことである。前述の東郷元帥が、私の大先輩である杉浦重剛翁とともどもに来宅されて、そのとき私がかつて中国革命の大志士で誰でも知っている**孫逸仙**《そんいつせん》大人から示教された次のような六然訓句、

超然任天《にんてん》　悠然楽道
靄然《あいぜん》接人　毅然《きぜん》持節
厳然自粛　泰然処難

(超然として天に任せ　悠然として道を楽しむ
靄然として人に接し　毅然として節を持《じ》す
厳然として自らを粛《つつし》み　泰然として難に処《おもむ》く)

というのを揮毫しておったのを見て、自分も別の六然誦句を存知し愛誦しているといわれて示されたのが最初に掲記した詩句なのである。

頭山満恩師＝著者の恩師、頭山満。明治・大正・昭和期の国家主義者。一八五五～一九四四（安政二～昭和十九）年
孫逸仙＝孫文。
靄然＝雲が湧きいでるさま

今ここに、たまたま六然誦句を引用した記述をして無量の感慨にひたって、当時を回顧してこの記事を**補綴**《ほてい》した次第である。

補綴＝補足して書き加えること

天風15箴言

健全なる精神は人生の一切に対して其心の態度が積極的である時にのみ正しく作為される

箴言十五

健全なる精神は　人生の一切に対して
其心の態度が積極的である時にのみ　正しく作為される

A sound mind is formed rightly only when one's mental attitude is positive towards everything in life.

多くいうまでもなく、精神状態の健全ということが人生を健康的にも運命的にも完全に解決する唯一の根本要素であるということが、峻厳なる人生真理であると同時に、また犯すべからざる自然法則であるということは、古今東西を通じて普遍的によく知られていることである。

が、この重大な事実＝すなわち精神状態を健全にするという重大な事実を、それならばどのようにすれば現実化できるかという問題になると、まことに遺憾なことに、現代においても相当の理智教養をもつ人でも、この箴言に示してあるように健全なる精神状態を現実化するには、何をおいてもまずその心の態度が人生の一切に対して積極的であるときにのみ、正しく作り上げられるという重大な事実＝いいかえれば、人生に存在するこの絶対真理を正しく理解している人が、われら天風会員以外には極めて少ないのである。

何を証拠にそのように断言するかというと、今なお今の世の中に「健全なる精神は健全なる肉体に宿る」という文化の未発達な時代の人間のいっていた過去思想を、さも絶対真理のごとく思ったり、あるいは口にしている人があるからである。

そもそもこの言葉が、相対理論であって絶対真理でないことは十分**諒解**されていると信ずるが、前掲の通り、この言葉を絶対の真理のように軽率に早合点している人が、専門の医者やあるいは学究の中にも今なおかつ相当多い傾向が見られる。

すなわち、この言葉を一途《いちず》に絶対の真理のごとく思う人々は、健全な肉体をもつはずの人々、たとえば運動家＝スポーツマン、または武術家、あるいはレスラーやボクサーたちが、必ずしも健全な精神状態の持ち主でなく、その人々の中にも気の弱い神経過敏的な、すなわち精神状態の不健全な人

諒解＝理解

をよく見受けるということを見落としている。

のみならずこの種の人々は、肝心かなめの健全な肉体を作るのにも、その先決要諦は何よりもまず精神状態を健全にしなければその目的を達することは絶対に不可能だということを、正しく自覚していない。

つまりこの種の人々は、人生に存在する**皮相的**事実の**片鱗**《へんりん》だけをみて、それを教義として全体論をする人である。もっとわかりやすくいえば、肉体に少しでも故障が生ずると元気がなくなって、当然精神状態も消極的になるではないかという、世人の一般的な事実だけに考察の焦点をおくからで、さらにそのときにその人が精神状態を積極的にすれば、その病的故障はその積極的な精神状態の反映でたちまち自然**良能**《りょうのう》が促進されて、その恢復《かいふく》を早めるという貴重な大事実を理解していない人なのである。

だから万一会員諸子の知友《ちゆう》の中に、この種の無自覚の人がおられたなら、私の著書である**『真人生の探究』**の購読を奨

皮相的＝表面的な
片鱗＝きわめて小さい部分。一端

良能＝生まれつき備わっているすぐれた才能
『真人生の探究』＝昭和二十二年、天風会より発行された天風最初の著書。続く『研心抄』、『錬身抄』と共に天風教義の中枢をなす

めなさい。あの著書の中の**「精神生命の法則」**を読めば、どんな偏狭な教義を固執《こしつ》する人でも、真理に反抗する者はありえないから、必ずや正しい自覚を人生に得られて、宇宙真理に順応して、純正なる人生に活きるわれら統一道のよきお仲間に入来されて、ほんとうの人生幸福を味得《みとく》することになると信ずるから……。

要するに、われわれ天風会員は自分だけの幸福でなく、一人でも多く健康的にも運命的にも完全な人生に活きるという幸福な人をこの世に殖《ふ》やすというのが、その教義精神なのであるから、もしも真理に無自覚の人々を見出したらまごころを込めて、幸福の殿堂である統一道へ、尊い人類愛の手を延べて誘ってほしいのである。

そこでもちろん修練会を修行された会員には分かっていることであるが、まだ修練会をやらない会員のために精神積極状態ということを、要約的に簡単にここに示しておくことにするから、充分正当に諒解されんことを切望する。

「精神生命の法則」＝『真人生の探究』第二章七十五頁

すなわち精神の積極状態というのは、厳密にいうと二つに分類される。

Ａ　絶対積極

Ｂ　相対積極

そして絶対積極とは、

曰《いわ》く、「何事に対しても**虚心**平気の状態」

相対積極とは、

曰く、「何事に対しても、できうる限り明朗恬淡《てんたん》溌剌《はつらつ》颯爽《さっそう》として対応すること」

いずれにしても、人生建設の先決要諦である健全精神の完成は、その基本条件である精神状態を絶対積極の状態に到達させることである。そしてその到達過程の方便手段として、相対積極からまず到入すべきであるということは、すでに修練会で講述しているから、修練会員は一般会員への模範としてその実際を示し現してくれることをあえて奨励して実践への厳粛なる祈望《きぼう》とする。

虚心＝心に何のわだかまりもないこと

天風16箴言

時は金なりという諺があるが
真実に於て時は金よりも
遥かに貴重な尊とさがある

箴言十六

時は金なりという諺があるが
真実に於て　時は　金よりも　遥かに貴重な尊とさがある

The proverb says, "Time is money." But, in truth, time has far more precious value than money.

物質礼讃《らいさん》の **Materialist** は、あるいは、「時は金なり」というこの言葉に心からの共鳴を惜しまないであろう。しかし、金は失っても取り返すことはあえて不可能ではないが、時はいったん失ったら永久に現在の意識に決して戻って来ない。

のみならず、いっさいの事物の完成を看察《かんさつ》すると、それは金の力で成しえたように見えても、真実は、要約すれば時の力である。

ところが、人々の多くは、この犯すべくもない事実を**没却**《もつきやく》して、事物の完成をただ金力、または人力に**一辺倒視**する。

しかも、こうした考察を是正しないで「時」なるものを批判すると、往々にして、「時」というものの真の価値の認識が誤ったものとなり、**第二義**的に堕《だ》する怖れが生じてくる。

そして第二義的に堕すると、そうでなくてさえ「時」とい

Materialist＝実利主義者。実際の利益を重んじて生きる人

没却＝無視すること

一辺倒視＝一つの側面からしか物を見ないこと

第二義＝根本の意義ではないこと

うものが、厳格にいえば「尊厳なる実在」であるにもかかわらず、物象的存在でないだけにどうしても観念想定に傾向していく。

するとどうしても、「時」というものに対する尊重観念が相対的になって、真実に「時」を人生至上のものという、いいかえれば本当に「時間」を重んじ守るという絶対感が稀薄になり、その結果絶対に再現しないであろう時、すなわち何としても取り返しのできない「現在」という時を、**徒費**《とひ》または空費してしまうことになる。否、この種の人が、現代の世の中にいかに多いかである。そのため、もっと成功もでき、もっと幸福になれる人生を、あたら棒に振らないまでも、案外下らなく経過させてしまっている人が事実において少なくない。

もちろん、時間は厳守すべきもの、重んずべきものということは、子供の時から教えられていることだけに、何人の常識にもある。

徒費＝むだに費やすこと

それが、何事ぞといってよいほど現実化されていないのである。

現に、今なお各種の会合で正確に時間が厳守される場合が少ないという事例が、明らかにこの遺憾さを実証している。

そのくせ、歳月人を待たずとか、**光陰矢のごとし**などという言葉は、誰でも皆知っている。

知っていながら、それはただ単に知っているだけのもので、少しもそれを重大だと考えない。

その種の人というのは言葉だけで満足して、その言葉の中に実在している真の意義というものをはっきりと心に感得していないからだと断言してよいと思う。**パスカル**のいった言葉にも、これと同じようなものがある。

The world is satisfied with words. Few appreciate the things beneath.（世間の人は、言葉だけで満足してしまう。その奥にあるものを認識できる人は少ない）

が、とにかくこうした人が多いため、時間を巧みにとらえ

光陰矢のごとし＝月日が思いのほか早く過ぎて行くたとえ

パスカル＝フランスの哲学者・数学者・物理学者。一六二三〜一六六二年。「パスカルの法則」で有名。「人間は考える葦《あし》である」という言葉でもよく知られる

ることができずにチャンスを逸したり幸福を逃がして、貴重な人生を残念にも思うほど理想化していない。

西洋の諺《ことわざ》にも、「時間を重んじない人は、礼儀を知らない人間よりも以下の人である」というのさえある。

ましてや、よく考えてみるとすぐわかることだが、たとえ百歳まで生きたとしても、実際の人生生活の時間というものは、人によって多少の相違はあろうが、その半分以下のものであるといえる。

現に英国の小説家で、有名な**アーノルド・ベネット**の言葉に、

A man of sixty has spent twenty years in bed and over three years in eating.

という、諷刺でない人生の実際相を**如実に**表現したものがある。

右の言葉はすなわち、「六十歳の人は二十年は寝床の中で、三年は食事に費やす」というのであるが、この言葉だけ

アーノルド・ベネット＝20世紀初頭に活躍したイギリスの小説家。代表作に『二人の女の物語』、「5つの町」シリーズなど

如実に＝明確に。はっきりと

考えても、実際に営まれる人生生活の時間は、差し引き三十七年という僅かなものになるが、それは運命も健康も順調の人のことなので、万一不運や逆境に陥ったり、不健康になって入院したり、または仕事ができない闘病生活をしたり、または怒ったり泣いたりして生活の安定を破壊する時間を差し引くと、どうであろうか！　残る時間＝実際生活の＝というものは実に実に短いものになり終わるだろう！

こうした事実を慎重に考察すると、極言すればあくびする時間も、くしゃみする時間も、とりかえせないのである以上、瞬間といえども軽々《けいけい》に徒費すべきでなく、心して有意義に使って活きるべきだと厳かに自戒していただきたい。

そしてここに、時は金よりも貴重なりという真の意義も、はっきりとわかってくると思う。

天風17箴言

調和という事は真善美の
美に該当するものでそれは
探求すべきでなく作為すべきである

箴言十七

調和という事は　真善美の美に該当するもので
それは探求すべきでなく　作為すべきである

Harmony corresponds to Beauty among Truth, Good and Beauty;
and it is not to be searched for but to be made.

調和ということは、われら天風会員が、年中行事の最高最大の楽しい践行としている、あの夏期の修練会の数多き行修課目の中で、これまた最高度の価値があると参加会員諸子から絶賛的な**高評**を受けている、**真理瞑想行**の教説の中で、人間の生命と宇宙創造の根本主体との実際関係を垂迹《すいじゃく》するとき必ず詳細にわたって講述するので、修練会を一度でも履修《りしゅう》された会員は、「そも調和ということは、厳粛なる宇宙本来の**面目**《めんぼく》であり、かつまた人生の実相であると同時に、生きとし生ける生物の生命の**本然**《ほんぜん》の姿なのである。いいかえると調和ということは、万物存在の絶対に犯すべからざる尊厳なる自然性なのである」ということを理解されていると信ずる。

「またこれは論より証拠で、調和のあるところのみにいわゆる真の完成というものがあって、反対に調和のないところに

高評＝評判の高いこと
真理瞑想行＝安定打坐体勢で真理を聞く行修
面目＝ありよう
本然＝本来のありさま

は絶対に完成というものはあり得ない」のは、いっさいの事物事象に明瞭に現れてくる。

特にこのことがらは、お互いの住むこの世界にあるさまざまなできごとの中でも、自然的に発生するできごとを仔細《しさい》に看察《かんさつ》すると、そのいずれもすべてが、この宇宙の本来の面目である調和という自然性の発動する現象なのであるということがわかってくる。

すなわち、雨にせよ、風にせよ、雪にせよ、氷にせよ、寒暑温冷一切合切《いっさいがっさい》、そのすべてがこの調和という自然性がその素因となって発動する現象にほかならない。

否、極言すれば、人々が大いに怖れ忌《い》み嫌う天変地異、地震、噴火、台風、津波等々の災害なども、また人間の生命に生ずる疾病違和《しっぺいいわ》の現象のごときものも、もっと分かりやすくいえば、発熱するのも下痢《げり》するのも、皆この峻厳なる宇宙摂《せっ》理《り》より生じてくる尊い大自然性の発動現象なのである。

すなわち、宇宙の事物事象の一切をできるだけ完全な姿に

仔細に＝細かく。詳しく

疾病違和＝病気になったり、体の調和が破れること

するべく、いいかえれば絶対調和の状態にするべく、その不備と欠陥とを是正しようとするための自然性の能動作用なのである。

そしてその絶対調和の状態こそ、美というもののほんとうの姿なので、調和のないところに完全がないのと同様に、調和のないところにほんとうの美はないのである。

もっと極言すれば、うつくしいという言葉はしっくりと調和しているという言葉の代名詞で、さらにうつくしいというのは完全だということになるのである。

また前にもいった通り、調和のないところには完全というものがないのであるから、政治であれ、事業であれ、さらには人事世事一切合切、調和がすべての完成へ重要な役割を果たすので、どんな思想でも主義でも、また計画でも設計でも、調和を無視し没却された考慮では、とうていその完成は現実化されないのが当然の真理なのである。

要するに、俗にいう無理は通らぬというのが、この実際の

消息《しょうそこ》を遺憾なく**喝破**した言葉なのである。

だから、何事でも現実に完成させようと意図するならば、何よりも調和という大事実をその根底基盤とすることが、先決な**要諦**だということを忘れてはならないのである。

たとえば、政治家が失脚したり、事業家や商売人が失敗するのも、要約すると必ずやその思索や言動にこの調和という大切なことが欠如していたということが、必ずやその原因の中に存在しているのである。

だからこの絶対真理に鑑《かんが》みて、自己の人生の完成を現実に**企図**《きと》するものは、常に何事何物にも「調和」ということを決しておろそかにすべきではないということを、人生に対する厳粛な心得とすべきである。

現にわれらの実践する心身統一法なるものも、この絶対真理にのっとって、生命の一大調和を現実化しようとする敬虔《けいけん》な意図の下に組織した方法なのである。

特に、その基本要諦となっている精神態度の積極化という

消息＝事情。ありよう
喝破＝正しい道理を説き尽くすこと
要諦＝肝心な点
企図＝くわだてること

ことこそは、まことに全生命に対するもっとも根本的な調和基盤をなすという重大なものなのである。

そしてまた、われら天風会員が、毎日の人生の第一声としてわが心に呼びかける「誓いの言葉」も、自ら進んでこの調和基盤に自己の人生を定めていこうという犯すべからざる自己戒律であり、また尊厳なる自己**憲章**なのである。

以上の記述で、人生に対する「調和」というものの重大性＝和をもって貴《とうと》しとなすということの真の消息が充分よく自覚されると信ずる。と同時に、この調和ということは、幸福というものと同様で、常に心に心して自ら進んで創り出すべきものであるということも、決して忘れてならないことである。

すでに箴言十一に、

争うことを先にしないで、和することに後れるな

という**西哲**の言を抜記《ばっき》したのも、要は、調和以外に、代償のない破壊には絶対に完成というものがないことを、正しく

憲章＝重要なおきて

西哲＝西洋の賢人

自覚してもらいたいためである。

すなわち、調和こそ、人生を正確に決定するゴールデンプロトタイプ（基本形）ともいうべき絶対唯一の至宝である。

天風18箴言

人は活きる際 氣どったり
ぶったりせぬ様心かけるとドレ
ダケ心に余裕が出来るか分らない

箴言十八

人生に活きる際　気どったりぶったりせぬ様　心かけると
どれだけ　心に余裕が出来るか分らない

If we try not to give ourselves airs nor to be affected in life, we will find how much we can be composed in mind.

禅の言葉に、「無碍自在《むげじざい》」というのがある。これは心に何ら執着のないときの心の力が、その融通性を百パーセントにして、その可能率を向上するという意味を喝破《かっぱ》したものと思う。

これは理屈でなく、心に何らの執着もない場合は、いいかえると心が何もの何事にもとらわれていないときには、これを形容すれば、**円転滑脱**《えんてんかつだつ》、自由自在に、**臨機応変**の対応ができるものであるということは、われわれが人生において経験する事実がしばしばこれを証明している。

反対に、心に何かの執着、すなわちとらわれがあると、心の力はたちまちに萎縮《いしゅく》して、その可能率が著しく低下する。

要するに、この実際の消息を考察すると、人生に活きる際、気取ったり、ぶったりすることが、どれだけ無駄な損失

円転滑脱＝ものごとが円滑に進んで滞らないさま
臨機応変＝その場その場の状況に応じて、適切に対応すること

を自己の人生に**招致**するかわからないということも明白に理解されるはずである。

ところが、この明白な**事理**《じり》が歴然として存在しているにもかかわらず、世の人の多くはやたらに気取ったり、ぶったりすることを、さながら常習として行っている。

しかも、それが自分を偉く見せようとか、あるいは安っぽく見られたくないとか、または強いように見せようとか、ばかにされたくないとか等々、それがもうすでに価値のない執着、すなわちとらわれになっているということに気付かずに、盛んに気取ったり、ぶったりということに苦心する。それどころか、むしろ**腐心**《ふしん》するといってよい実状である。そしてその結果、前述した通り、知らず知らずの間に心の力を著しく低下させている。

要約すれば、そうした行為は、とりもなおさず、精神生命の消耗率を異常に促進するからである。

多くいうまでもなく、精神生命の消耗率を高度にすると、

招致＝招く。引き起こす

事理＝事象とその道理

腐心＝あることを実現しようとして心を痛め悩ますこと

どんなに怖るべき損失が人生に生じてくるかということは、われら心身統一という宇宙真理に則して、人生を貴重に、自己管理を合理的に行っている天風会員は、つとに熟知しているところであるが、なんと世人の多くは、事実においてこの重大な消息を、正しく自覚していないという遺憾な実際傾向が顕著にあるのである。

というのは、とどのつまりその種の人々は、生命の生存と神経系統というものとの密接な関係に、あまりにも無智か、もしくは無頓着のためにほかならないと思う。

詳しくいえば、神経系統というものは人間のいのちを活かす生活機能の中で一番大切なもの、いいかえれば神経系統の生活機能のおかげでわれらの生命はこうして活きながらえていられるのであるが、やたら気取ったり、ぶったりしている人は、もちろん自分では結果にそういうよくない事実が生じてくるということに気付かないで、否、気付かないというよりも無知であるがために、考えることなしにといってよいほど無頓着で、やたらと価値のない無駄な精神消耗をことさらに行っているのである。

そして、そういう種類の人は、おしなべて人生を神経過敏的に生活している。

要約すると、そういう神経過敏的な生活をするのは、直接の原因は気が弱くなっているからなので、これを三段論法的にいえば、そのためにしきりと誤った自己擁護《ようご》のために、気取ったりぶったりするのであるといえる。

しかしそれは何のことはない、鉛を金に見せよう、石コロを宝石に見せようとするのと同然で、それは異常な精神消耗の原因となるだけである。

第一ほんとうにできている人というものは、決してぶりも気取りもしない、いわゆる**天真流露**《てんしんりゅうろ》そのままである。

これは私が日露戦争直後、朝鮮で当時の韓国統監であった**伊藤博文**《いとうひろぶみ》さんから直接耳にした話であるが、あるとき伊藤さんが、

天真流露＝作為のない天然自然さがあらわれているさま

伊藤博文＝明治時代の指導的政治家。一八四一〜一九〇九（天保十二〜明治四十二）年。一八八五年内閣制度創設とともに就任したわが国初代総理大臣として有名

「君は頭山満《とうやまみつる》の薫陶《くんとう》を受けたそうだが、あの人は実に偉い人である。現に自分が私淑《ししゅく》している**新井石禅《あらいせきぜん》**師が、かつて頭山君に相会したときの感想として、今までいろいろの人に会ったが、頭山氏のような、どう見ても少しも偉く見えないでしかもほんとに偉いと思う人に会ったことがないと非常に感激していた」

と話されたが、まさにたしかに、頭山恩師は、石禅師の言のごとく極めて平凡に見える、少しも偉さを表さないという偉い人であった。いつも同じ状態でいられたお方である。察するに恩師の眼中には貴賤貧富《きせんひんぷ》の分け隔ても、老幼男女《ろうようなんにょ》の差別もなく、いっさいすべてが平等視されていたとしか考えられない。つまり恩師のエラサはあの天真流露、名聞にも富にも権勢にも何ものにもとらわれのない高潔な**恬淡《てんたん》**さにあったと思う。そしてそれがいかなる人をも心服させ、さらに婦女子幼児をも敬慕《けいぼ》させるという大きい同化的魅力となっていたのであると信じる。

新井石禅＝明治・大正期の禅僧（曹洞宗）。一八六四〜一九二七（元治一〜昭和二）年。大正九年、曹洞宗本山鶴見の総持寺貫主となる

恬淡＝心がやすらかで無欲なこと

がとにかく、ぶるとか、気取るとかいうのは、要約すればにせものを本ものに見せようとするのと同様で、いいかえると虚勢を張っていることなので、それには相当無理な努力から生ずる精神消耗が付随してくるのが必然である。

せんじつめれば、これはまさに、いわゆる執着拘泥《こうでい》の当然の**帰趨《きすう》的**結果である。そしてとどのつまりは、活きるいのちに大きい損害を与えるだけである。

天風教義が、常に心の態度を積極的に堅持せよと教示し、さらに絶対積極の態度とは、いっさいに対して**不即不離《ふそくふり》**であることなりと説破し、これこそが虚心平気の絶対境地というのであると訓《おし》えているのも、要は、**無碍**にして自在なりという真に綽々《しゃくしゃく》たる余裕を心にもつ真人としての人生に活きる人を多からしめたいがためで、また真の人生幸福というものはそうした人に恵与《けいよ》されるものであるという、峻厳なる宇宙真理をおろそかになし能《あた》わぬためである。

多くいうまでもなく、われわれの人生信条はどんな場合に

帰趨的＝状態や事件が最終的に落ち着くところ

不即不離＝お互いに付きもせず離れもしない関係を保つこと

無碍《むげ》＝とらわれがなく自由自在なこと

も、また現在いかなる境地にあろうとも、常に心を積極的に堅持して、消極的な感情や病的感覚等に惑わされず、さらに、外的な一切の事物事象にもその心を**攪乱**《かくらん》されることなく**超然**とし、同時に、肉体生命の生存と生活に対しては厳格に自然法則を尊び厳しく守り、即《すなわ》ちかくして心身統一を完成し、自己生命の全能力の最善をつくして、自己に課せられた人生の責務を忠実に実行する真人たることである。

したがって、自分は宇宙真理を**知得実行**《ちとく》する特別の人間だとか、あるいは仲間を凌《しの》ぐスーパーな存在だとかというように、ことさらにぶること、気取ることを絶対に厳戒しなければならない。

まことに、これぞわれら統一道という最高なる人生真理に順応して、正しい自己管理を敢行する真人にとって、つかの間といえどもゆるがせにすることの許されない**金科玉条**《きんかぎょくじょう》である。

重ねて、あえてここにさらにその反省と実行とを厳しく、

攪乱＝かき乱すこと

超然＝世俗に心を乱されることなく、そこから抜け出ているさま

知得実行＝知り得て実際に行うこと

金科玉条＝最も大切にして変わることなく守るべき重要な法律または規則

皆さんに熱奨する次第である。

あるがままにわれある世とし活き行かば
悔いも怖れも何ものもなし

天風19箴言

何人も成功を希望して居りながら
案外成らざるもの多いのは其心に
積極性のものが欠けて居るからである

箴言十九

何人《なんぴと》も　成功を希望して居りながら
案外否らざるものの多いのは　其《その》心に
積極性のものが欠けて居るからである

Every man desires to win success. But the reason for the existence of so many unsuccessful men is that they lack a positive attitude of mind.

この箴言に対しては、特に註釈的に、あえて論及する必要のないほど、天風会員である皆さんは、充分徹底的に理解されていると確信する。

というのは多言《たげん》するまでもなく、天風教義が積極性を終始一貫して唱え**鼓吹**《こすい》する第一義的な人生道であるからである。

したがって、因縁あって天風会の会員となられた皆さんは、男女老幼の別なく、**心身統一法**の講習会の序論から、すなわち心身統一の根本原則を聴講されると同時に、心の態度の積極的堅持を、そのもっとも本源的に必須のものであるということを説示《せつじ》されている。

そして、定例の講習会も夏の特別修練会も、また秋季に催す真理瞑想補成行修会においても、その目的は積極性の現実化に対する実際的手段である。そして半世紀にわたってなお

鼓吹＝意見・思想を主張して他の人の共鳴を得ようとすること
心身統一法＝心と身体を命において統一するための行修法

たゆみなくそれを講述することを前掲のごとく終始一貫その信条として、かつ如実に実行していることは、これまた会員諸子のよく知るところである。

そもそも積極性精神態度が、人生の自律基盤として絶対的であるという理論は、天風自身が身をもって、あるいは病難に、あるいは運命難に、思い見るだに、われながら万丈の波乱などという形容の言葉ではとうていその十分の一をも納得できないといってよいほどの、危険以上の危険をあえて冒して体験した現実から直感したものである。

いいかえると、理論から得た智識をもとにして体験したものでなく、現実の体験から獲《え》たインスピレーションで、実感的に肯定したものなのである。

平素講述するとおり、インスピレーションは、まさに的確な**断定**である。

さればこそ、いかなる場合にも積極性を失うなかれと、力説し強調するのもこれあるがためである。

断定＝命題の真偽をはっきり言明すること

また先般、特にテープレコーダーに「積極性と人生」というのを吹き込んで有縁《うえん》の希望者に頒布《はんぷ》したのも、積極性精神態度の必須性を人々の常識として知ってほしいためである。

ところが極めて稀《まれ》ではあるが、数多くの会員の中には、これを単なる理想的理論か、もしくは想定的推論のごとく、軽率に判断する人がいる。

それが特に、むしろ人生苦楽の経験に乏しい理智階級に存在することは、まことに遺憾の至りである。

また中には積極ということに対して正当な解釈をもっていない人もいる。すなわちガムシャラに強がることを積極的だと思っている人もある。

これほど危険な大間違いはない。万一そういうのを積極と解釈したら、乱暴と勇気とを履《は》き違えるよりも、もっとはなはだしき誤解である。

積極ということには峻厳犯すべからざる四つの条件があるはずである。

すなわち、尊さ、強さ、正しさ、清らかさ、という四大要項である。

そして、この聖なる心的態度に現実に到達するべく、天風教義はその実際方法＝how to do? に、常に不断の主力を注いでいる。

そして精神態度が完全に積極化し得れば、万人の求望する成功ということが何事にも可能のことで、あえて至難のことでないということも自《おの》ずから**諒解**される。

その上に、今日までの数十年の間に数多くの先輩会員が、天風教義の実践によってよくその精神態度を積極化して、**儕《せい》輩《はい》の群を凌《しの》いで**人生の成功をかち得ているという貴重な事実をしばしば実見するとき、あえて手本を遠くに求めるに及ばずとも、即座に信念されると思う。

ただしくれぐれも注意すべきは、これまた平素折あるごとに説述している通り、「貴《とうと》さに慣れて小成に安んずるなかれ」である。

諒解＝理解

儕輩の群を凌いで＝人々の中でも群を抜いて

要は、常に日々新たにして日々新たなるべし、という心持ちを心にもつことである。

西哲の戒語にも、“Familiarity breeds contempt.”（慣れは侮《あなど》りを産む）というのがある。まことに心すべきこととして忘れるべからずと断言し、よりいっそう積極的であれと熱奨する。

天風20箴言

積極も極致に到達すると
真実と同様になる 従って「善」
なる事は極力積極すべきである

箴言二十

模倣も極致に到達すると真実と同様になる
従って「善」なる事は　極力模倣すべきである

Imitation achieved to perfection attains as good as true.
Therefore, what is good should be imitated to the utmost.

明治維新の直後、王政復古となったとき、ある宵、**山岡鉄舟**《やまおかてっしゅう》が仲よしの**高橋泥舟**《でいしゅう》と銀座《ぎんざ》を散歩していた。今日と違って当時の銀座は、夜店といってさまざまな品物を売る露店が今の京橋《きょうばし》から新橋《しんばし》までの両側に、今の名古屋の目抜き通りよりもにぎやかにずらりとばかりに宵《よい》の口から夜更《よふ》けまでも店を張っていたものである。(この風習は**大東亜戦争**の終戦時から取り止めになったから、今日の青年は知らないと思う。)

そのとき泥舟が一軒の古道具屋に掛けてあった軸物を指して、

「おい山岡、貴様の筆だという掛軸が売りものに出ているぞ」

というので、「そうか」といって鉄舟がよく見ると全然自分の書いた覚えのない字なので、「おい、そのかけものは誰

山岡鉄舟=幕末・明治前期の剣客・政治家。一八三六~一八八八(天保《てんぽう》七~明治二十一)年。勝海舟《かつかいしゅう》、高橋泥舟とともに「幕末三舟」と称される

高橋泥舟=幕末・維新期の幕臣。一八三五~一九〇三(天保六~明治三十六)年。山岡鉄舟は、妹英子《ふさこ》の夫。頭山満の著書に『幕末三舟傳』(一九三〇)がある

大東亜戦争=第二次世界大戦

が書いたものかね」と古道具屋の主人に訊《たず》ねると、ニヤニヤしながら、「ここに添え書きしてあるとおり山岡大先生の書かれたものです」とさもさも得意気《げ》にいうので、「本ものかね？」というと「真筆《しんぴつ》に間違いありません」という。そこで鉄舟が「お前は山岡という人を知っているのか」というと、「ええ、よく存じ上げていますとも」と当の本人の鉄舟を本人とも知らずに平然としていうので、実はオレが山岡だといおうと思ったが、あまりにもそのかけものの字が美事《みごと》なので、「ずいぶんうまく書けているね」というと、店の主人がこういった。

「これは山岡大先生の傑作なのです。実は故あって私の手に入りましたものですが、いかがです、お求めになっては」。試みに「いくらだね？」と訊ねると、「ほんとは十両と申し上げたいのですが、今夜の初めてのお客さんですから思い切って五両にしておきます」という。山岡は笑いながら、よしつかわそうと即座にそれを買い取ったので、傍《かたわ》らにいた泥舟が、「よせよ、全然覚えのないにせものなんか買うなよ」というと、「にせものということは一目で分かる。が、とても美事な筆蹟だ。それに書いてある文章がとてもよい言葉だから、オレはこれを手本にしてみるつもりだ」といって常に床の間にかけて生涯大事にしていたというエピソードがある。また、これに似た話が頭山恩師にもある。

それは翁《おう》の居室に西郷隆盛《さいごうたかもり》の書という額が掲げてあったのを、あるとき**野田大塊**《のだたいかい》が見て、「こりゃにせものたい」というとニコニコしながら、「にせものでも文句が善かけん、おいどんはほんものだと思うて朝夕有りがたく心の鏡として見とるよ」とこともなげにいわれた。

それを傍らで耳にした私は、なるほど模倣に対する結局は、その心の思い方、その人の考え方で、よくもわるくもなるんだと、つくづくその言葉から量《はか》り知れない尊いものを直感したものである。

そしてもう一つ、痛感したことは、国外での任務に従事す

野田大塊＝（卯太郎《うたろう》）。明治・大正期の政治家・実業家。一八五三～一九二七（嘉永《かえい》六～昭和二）年

るため出発のとき、お別れに参上した際恩師は「できるだけ善かことは極力真似することばい、そして人にめいわくかくるような悪かことは決して真似するでなかぞ」と懇《ねんご》ろにいわれた。

これはとりもなおさず、模倣なるものは、いいかえると真似事というものは、極致に到達すると真実と同様になるという、わかりやすくいえば絶対真理があるから、できるだけ善いことのみを真似するべしと、戒められたのであり、

「善いことはなんでもいいから真似しろ
悪いことはうそにもかりそめにも真似するな」

ということなのである。

実際、模倣が極度に到達すると真実と寸分の相違のないようになるものなのである。

これも私の思い出にある話の一つだが、往年の有名な歌舞《かぶ》伎《き》役者の十五代目**羽左衛門**《うざえもん》と柳橋《やなぎばし》の一旗亭《きてい》で会食したとき、当時隅田《すみだ》川の一名物となっていた、声色《こわいろ》のものまねや（現代

羽左衛門＝市村羽左衛門。市村座の座元・歌舞伎俳優。江戸前期より平成まで十七代を数える。ここに登場するのは十五代目羽左衛門

の声帯模写）が猪牙舟《ちょきぶね》に乗って流して来た。年輩の人はよく記憶しておられると信ずるが、唐桟《とうざん》ずくめの粋《いき》な江戸ッ子風をした二人ないし三人連れで、三味線《しゃみせん》や鉦《かね》ドラ拍子木《ひょうしぎ》入りで舟の中から窓下に来て座敷の客に、「ヘイ御機嫌さまで一席橘屋《たちばなや》いかが？」とか「播磨屋《はりまや》と行きましょう」というようないなせなかけ声をして、当時の名優の声色を使って抛《な》げ銭をもらうという芸人が、その当時隅田川の四季を通じていたものだ。そこで興味があったので羽左衛門を一つやれというと、「待っていましたっ」と景気よく受け答えして、例の玄《げん》冶店《やだな》ゆすりの場を羽左衛門が中にいるのを知るや知らずやいと巧みにやってのけた。

と、それをじっと聴いていた羽左衛門が、「こりゃ私の一番調子のいいときの声とそっくりだ、実にうまいものですね」とつくづく本人が感心したが、私たちは本人がいってるのとそっくり同じに聞かれたので、まったくそのうまさに驚いたものだ。であるから、こうした真理に鑑《かんが》みられて、諸君

猪牙舟＝江戸で作られた、細長くて屋根がなく、先のとがった船
唐桟＝細番の諸撚《もろより》綿糸で平織にした優雅で趣きのある縞《しま》織物。通人が羽織、着物などに愛用した
橘屋＝市村《いちむら》羽左衛門の屋号
播磨屋＝初代中村《なかむら》吉《きち》右衛門《えもん》の屋号

も大いに、私の長所はもちろん、修練会で履修したすべてを極力熱心に模倣されたい。そして人の世のためになることを実行されると、それがとりもなおさず諸君を真人に作為して、大なり小なり済民救世《さいみんきゅうせい》に貢献することとなり、どれだけか大きい有意義な功徳《くどく》を積むことになるのである。

いずれにしても自己を完全に啓発し、自己を真実に向上させ人の世のため真に役立つという真人となろうためには、ひたすらこうした心がけで何でも善いことを模倣することに専念すべきである。

そして悪いということは、特に人の迷惑になるようなことはうそでも真似をしないことだ。

すなわちこのことがらを重大視して拳々《けんけん》失うなかれとわれとわが心に厳しく粛《つつ》しんでこそ、天風会員としての当然の心がけだと断言する。

古《いにし》えの聖賢《せいけん》の格言にも、

「良師《りょうし》は以《もっ》て須《すべか》らく宝と為《な》す可《べ》し

済民救世＝民衆の困苦と世の中の乱れを救うこと

拳々＝うやうやしくつつしんで

良友《りょうゆう》は以て須らく鑑《かが》みと為す可し」

とある。

この言葉は要するに、良き模倣の極致にもたらされる真価値、換言すれば自己暗示の感化を善良の方面へ積極的に応用する実際的な心がけを**訓教**《くんきょう》されている言葉なのである。

それゆえに、宇宙真理に順応して真人たらんとするわれらは、特に修練会を行修した人々は、常に営々として**至誠実践**《しせいじっせん》の模倣に志し、気取《けど》らず、ぶらず、天真流露の純真を発揮して、一念不動践行に努められることをあえて熱烈にお奨めする。

訓教＝教え導くこと

至誠実践＝まじめに真心を尽くすことを実行する

天風21箴言

どんな場合にも慌てない人となるには
平素の言動を出来るだけ
落ついて行う様心がけるべきである

箴言二十一

どんな場合にも　慌てない人となるには
平素の言動を　出来るだけ　落ちついて行う様
心かけるべきである

In order that we may not be disconcerted in any event, we should try to be as self-possessed as possible in our speech and behavior at ordinary time.

多くいうまでもなく、人間というものは男女の別なく、いかなる場合にもその人生に活きる際、慌ててはいけないのである。

というのは、人生に生ずる**錯誤**や過失というものは、その原因が、心が慌てたときに多いからである。

慌てるというのは、またの名を**周章狼狽**《しゅうしょうろうばい》というが、これは心がその**刹那**《せつな》放心状態に陥って、行動と精神とが全然一致しない状態をいうのである。

心がこうした状態に陥った時というものは、意識は概《おおむ》ね不完全意識になっているのである。

いいかえると、心があってもなきに等しい状態になるのである。

だから、さまざまの過失や錯誤が生ずるのも当然である。

錯誤＝事実と観念が一致しないこと
周章狼狽＝あわてふためくさま
刹那＝瞬間

そしてそういう心になると、時には笑えない滑稽ともいうべきミステークさえ行うのである。

たとえば、手にもっているのを忘れてその物品を紛失したと早合点して、大騒ぎして捜すなどという、常識ではとうてい考えられない珍芸さえ演出するのである。

現に、ある人がタクシーから降りるとき、大切な書類が入れてある手提げを車の中に忘れて下車したと思い、幸いそのタクシーの会社名を記憶していたので、また再び他のタクシーで急いでその会社の車庫に乗りつけ、担当事務員に息せき切って、その書類は命よりも大切なものであるという事情を詳しく話し、ただしその手提げには他に類似のない特徴がある、その手提げの表面のところに大きくZとHというローマ字が白い色で書いてあるからすぐにわかると説明した。するとその事務員が怪訝《けげん》な面持ちで、その手提げというのはあなたがそこに持っているのと同様な品なんですか？　というと、ハッと手にしていた手提げを見るや、「アッ！　これだ

怪訝＝不思議で納得のいかぬさま

これだ！　でもおかしいなあ？　たしかに車の中に忘れたと思ったのに……それがどうして今自分の手に持っているのかしらッ？」とさも不思議そうにいうので、「あなたは来られた時からそれを持っておられました」というと、とてもきまり悪げに小首を何度もかしげながら、「どうもおかしい？　不思議だ」と何度もくり返しいいながら、よっぽどばつが悪かったとみえてロクに挨拶もしないで、まるで狐につままれたように、どうにも合点がいかないというふうにそそくさと後をも見ずに急いで立ち去った、という話を耳にしたことがある。これは本人としてはまさしく、何とも訳の分からぬ不思議を感じたに違いないと思う。何かの動機か、または**偶発的**なできごとに、慌てふためいてその結果、意識が不完全状態になって何もかもピンボケになっていたからである。

わかりやすくいうと、周章狼狽の結果、そのとき精神が一時的に朦朧《もうろう》状態になって思慮も分別もなくなっていたからで

偶発的＝予期しないことがたまたま起きること

ある。

しかしこれは他人のできごとだと軽々しく見過ごすべきではない。厳かに自分自身を省みてみるべきである。

要するにこういう失態は、平素落ち着いた心的状態で生活行動を行っていないということが、その主因をなしているのである。

すなわち、人間というものは習慣が第二の天性をなすものであるから、平素の生活行動が落ちつきのない状態で営まれていると、それが知らず知らずの間に習性化して、日常の人事世事に対しても、どうしても**軽挙妄動**《けいきょもうどう》的で対処することになる。

そのために、そういう習性生活をしている人が何か急ぐことや突発的なことなどに直面すると、とっさ的にたちまち前述のように意識が不完全状態になってしまって、その行動も自由がきかなくなったり食い違いが生じたり、まったく考えていなかったことをしでかしたり、または思い違いや勘違い

軽挙妄動＝軽はずみでむこうみずな行動をすること

をのべつ行うことになる。

　とどのつまりその主因は前記の通り、平素の心がけというものが、重大な消長関係を精神と肉体行動に有しているためである。

　昔、**柳生但馬守**《やぎゅうたじまのかみ》が未だ修行中の折、**沢庵**《たくあん》**禅師**に次のような質問をしたことがある。

「一本の剣は扱いやすし、されど、数本ともなればいかになすべきや?」と。禅師答えて曰《いわ》く、「一本を扱う時と同じ心をもって、数本もやはり一本一本扱うべし」と……。

　まことに、これまさに至妙の言である。

　わたしはかつて精神研究の時代、聖徳太子《しょうとくたいし》という人は手紙を書きつつ、他人と談話もし、また数字の計算もするという、さながら八面六臂《はちめんろっぴ》的な驚異的な人であったということを書いてある物の本を読んだとき、前記の沢庵禅師と柳生但馬守の兵法問答を思い起こして、しょせんは心の問題で、結論すれば、精神生命が混乱せず**帰一**《きいつ》的に安定しているために違

柳生但馬守＝（宗《むね》矩《のり》）。江戸初期の剣術家。新陰《しんかげ》流の祖宗厳《むねよし》の子。十兵衛《じゅうべえ》の父。一五七一～一六四六（元亀《げんき》二～正保《しょうほう》三）年。関《せき》ヶ原《はら》の合戦の功により徳《とく》川家康《がわいえやす》から柳生の旧領に二千石を与えられ、さらに秀忠《ひでただ》・家光《いえみつ》の兵《ひょう》法《ほう》指南役となる
沢庵禅師＝（宗彭《そうほう》）。江戸前期の禅僧（臨済宗）。一五七三～一六四五（天正一～正保二）年
帰一＝分かれているものが最終的に一つになること

いないと思った。だから精神のコンセントレーション（統一）さえ確実にできれば、誰にでもできることで、さして難しいことではないと考えた。そこで会員諸子がすでに心身統一法の教義から熟知されている、あの意識の明瞭度を集約する方法を**践行**したら、極めて簡単にその目的を達成し得たのである。であるから皆さんが教えられている方法は、そうした実際経験（換言すれば価値高い実際効果を自分の人生のものにしたという）を**収束**《しゅうそく》して組織したものなのである。

だからこそ、もちろん皆さんは日常、教義の践行におさおさ怠りなく精進《しょうじん》されておられると確信するが、なおよりいっそうのたゆまざる**励精**《れいせい》に努められて、常に意識の明瞭度を保持するために心の落ちつきを乱さぬよう心されるべきである。

ただし前記の真意は、肉体行動のスローモーション（鈍重）を意味するものでないことをくれぐれも注意されたい。それどころか、真に俊敏で隼《はやぶさ》のような軽快さは、常に沈着

践行＝実際に行うこと

収束＝おさまりをつけること

励精＝励みつとめること

なる大定心《だいじょうしん》より発露するのである。

　すなわちこれを結論的にいえば、真に沈着な心こそが、**明《めい》澄《ちょう》**なる意識を生み出し、明澄なる意識こそがその行動を**截然《さいぜん》として**遅速緩急誠によくこれを統御するものである。すなわち武道の極意を把握するものや、その他**技神《ぎしん》**に入るような堪《たん》能精錬《のうせいれん》の人は、皆この真理にしたがっているからである。

　これあるがゆえに、われらはこの真理を深く尊重し心に銘記して、どんなときでも平素の言動をできるだけ落ちついて行うように心がけよう。

　古諺《こげん》

唯滅動心《ゆいめつどうしん》　不滅照心《ふめつしょうしん》　但凝空心《たんぎくうしん》　不凝住心《ふぎじゅうしん》

明澄＝明るく澄んでいるさま

截然として＝区別がはっきりとしているようす

技神＝あることに超越した技を有している人

天風22箴言

人生は侭ならぬ世界と一念すれば不自由や不満というものを少しも苦悶に感じなくなる

箴言二十二

人生は儘《まま》ならぬ世界と正念すれば
不自由や不満というものを　少しも苦悶で感じなくなる

If we rightly take life is such a world as we cannot have it our own way, restraint or dissatisfaction will not bring on an agony in the least.

およそ人間の苦労というものを仔細《しさい》に検討すると、それは概《おおむ》ね自分の思うこと、考えること、なかんずく欲求することが、自己の思うようにならぬ場合の心のもつれから生ずる心理現象である。

しかし、考えてみよう！

お互い人間が、もしもこの世が己《おのれ》の思い通りになる世界だとしたら、いったいどうであろうか？　ということを。

平素人生というものを深く省察したことのない人は、あるいはそうなったら、さぞや人生というものは、なんと幸福なものになるであろう！　と思われるかもしれない。

けれど、それが果たして幸福なものであろうか？

私はあえていう。

それは決して幸福なものではありえないと。多くいうまで

仔細＝詳細。委細

もなく一切の事物の判断は理論推定よりも、一番確実な「論より証拠」に依存すべきである。

西哲の言葉にも、

「事実は常に無言の雄弁をもって、最後の立証者として、厳然としてその威力を発揮する！」

というのがある。まったくその通りで、広いこの世の中には、思うこと願うことが満ち足りていて、いわゆる幸福だと思えるような人もいないことはない。

しかし、その人々は、客観的に考えられるほど、果たして絶大の幸福感を日々に心に感じて、愉《たの》しい生活を送っているだろうか？　否である！　というのは、その人々が、その現在に限りなく感謝満足して、その心の中に、何らの要望も欲求ももたないのなら、それはたしかに幸福であろう。しかし少しでも現在の状態に満足を感じないで、新しい要望や欲求が、心の中に生ずるとしたら、どうであろう？

英国の諺《ことわざ》に、

「金持ちほど欲が深い」

というのがある。

この諺は、容易に今まで述べたような消息《しょうそこ》を喝破したものであると思う。

というのも、人間の心の中に生ずる欲望という心理作用は、金持ちであろうとなかろうと、常に次から次へと新規なものを考え出して止《や》むところがないものである。そしてその上に欲求心というものは、満たされても満たされても止まるところなく、際限なく発動するものなのである。

昔の道歌に、

「おもうこと一つかなえばまた二つ　三つ四つ五つ　六《む》つかしの世や」

というのがあるが、この歌こそ、遺憾なく人間の欲望に対する心理現象を徹底的に批判したものといえる。

だから、しかもその欲望するものがたとえ思いのままに与えられても、欲望心の発動は、断然一点一ヵ所にストップし

消息＝事情。ありよう
喝破＝正しい道理を説き尽くすこと

ていないのである。

すなわち絶え間なく連続する。

そして、その欲望が満たされようと満たされまいと、いずれにしても、この心理現象の連鎖的反応というもので、絶えず形の変わった苦しみというものが次から次へと心の中に発生して、結局心の平安が乱される。

しかも、こういう状態というものは、人間の精神態度が更改されない限り、換言すると心の持ち方が切り替えられない限りは、いかなる時代が来ようと、かつまたいかなる身分境遇になろうとも、いつまで経っても手を変え品を変えて人間を苦労させる。

英国の諺に、"It always has been and it always will be."（今までそうであれば、これから先もそうである）

というのがあるが、けだしこの言葉は人間の精神態度そのものが更改されない場合の、対人生現実批判に当てはめられると思う。

しかしいずれにせよ、人生かくのごとく常に心の中に何かなしの**鬱勃《うつぼつ》たる**ものをもって活きていたのでは、どんな地位栄誉をかち得ても、またどんな富を獲得しても、ほんとうの活きがいのある価値高い人生は味わえない。

活きがいのない無価値の人生に活きたのでは、人生まったく無意味になり終わる。

無意味の人生とは**酔生夢死《すいせいむし》**のことである。考えるべしである！

今さらいうまでもなく、人生はただ一回である。であるいじょう以上、何としても活きがいのある価値高い人生に活きねばならない。

しかも活きがいのある価値高い人生に活きるには、すべてにおいて何をおいても、心の平安を確保することである。

そして、心の平安を確保するには常に注意深く天風教義の強調する積極的精神の現実**涵養《かんよう》**である。

ところが、一般世間の人々は、心の平安を確保するのに、

鬱勃たる＝心の中に満ちあふれた意気が、まさに外に発動しようとするさま

酔生夢死＝むだに一生を終わること

涵養＝自然に水が染み込むように徐々に養い育てること

常にその条件を外界に求めるために、いつも失敗の苦汁を舐《な》めさせられている。

すなわち、心の平安を確保する条件は、外因にはなくて内因にあるのである。

やさしくいえば、心一つの置きどころという事実こそ、その内因として重視すべき先決的条件なのである。

であるから、その内因を確実なものにするためには、まず第一に、前掲の箴言の通りに、人生はままならぬものというのが、犯すべからざる人の世の常則であると正しく自覚することである。

そうすればこの尊い自覚は、直《ただ》ちに心の本善と相呼応して、それまでしきりに不自由や不満という心理作用のために苦悶させられていた悪現象が、自然と心の中から**雲散霧消**《うんさんむしょう》され、万が一己《おのれ》の心の欲求するものが満たされないときでもいささかも心を苦しめず、ただ現在あるそのもので満足するという階級の高い心的状態になりうる。

雲散霧消＝雲が散り霧が消えるように、物事が一時に姿を消してしまうこと

そして、いつも颯爽《さっそう》として、貪欲《どんよく》の炎に、心が苦しめられなくなる。

要約すれば、かくして初めて**不滅照心**《ふめつしょうしん》の真人としての真の本領が発揮され、期せずしてほんとうの幸福感に包まれた人生に、日々愉々快々として活きることができるのである。

すなわち、これがこの箴言のプリンシプルなのである。

不滅照心＝永遠の真理に照応した心で活きること

天風23箴言

日常生活を行う際能う限り
「善」なることを行おうと心かける
のは人生最も尊といことである

箴言二十三

日常生活を行う際　能《あた》う限り　「善」なることを行おうと
心かけるのは　人生の最も尊いことである

While we are leading our daily lives, it is the most valuable thing in life that we are ready to do what is GOOD as much as practicable.

まず第一に正しく自覚認識を必要とするものは、「善」とはそもそもどんなことかという大切な事柄である。

普通の人は古今東西を問わず、「善」とはその反対の存在である「悪」というものにあてはまらない言動であると、たいていはただ簡単率直に考えている傾向がある。しかし、これだけでは完全な解答になっていない。むしろ理解が徹底していないうらみがある。

というのは、仔細に内観的に省察検討してみると、これだけではわかったようなわかっていないような、極めて曖昧《あいまい》な疑念があと味に残るからである。

これはつまり、悪なるものの実態がはっきりしないことに起因するのである。

古い儒学では、「善」というものは、道徳律に従うことといっている。

そして道徳律とは、正しい人の道のことで、したがって悪とは、これに反するものと説いている。

しかし、すでに皆さんは、天風教義の講演でしばしば聴かれている通り、道徳とか倫理というものには、いわゆる人為説と天為説の二種類がある。

そして天為説は**不変不易**《ふへんふえき》のものであるが、人為説による道徳倫理というものは、要するに一時的なものが多く、換言すると時代の推移にしたがって当然変異する。

すなわち、昨日の非《ひ》が今日の是《ぜ》となるか、あるいはその反対になる場合や事実がいちじるしい。

たとえば、卑近の例として「男女七歳にして席を同じうすべからず」というようなことは、二千年の昔、儒教旺盛の時代には、これが最も正しい人の道であって、これに背反《はいはん》するものは道徳に反する、すなわち善ならざる者と判定された。

しかし、現代は、まったくこれと正反対である。これは前

不変不易＝変わらないこと

述したように、時代の推移に伴う人為説の変異である。

実際、昨日の悪が今日の善となり、今日の善がまた明日の悪になるかもしれないのが、同じ道徳倫理といっても人為説によって作られたものでは確定性に乏しい。

したがって儒学の説示する「善」の定義は、要は抽象的な傾向をもつといってよいと思う。

さらに、哲学では「善」なるものに対する定義として、「第一に必要なことは、いかなる言動でも肯定されるべき価値を有するものでなくては不可なり」と主張する。

そして「それも厳格に客観的な法則に合致するに到ることを必須の条件とする」と強調している。

が、私は思う！

この哲学的定義も、普通の人が徹底的に理解するのはすこぶる困難であると。というのは一番困るのは、肯定されるべき価値というものの認識と判断とを、そもそも何に求めるべきかが大きな心の問題となるからである。

すなわちそれを単なる常識に委《ゆだ》ねるべきか、それとも高級理性によるべきか、かつまた良識と称する第六感以上の良心的な発露に求めるべきか？

これが、尋常には解決のできない難問題なのである。

なぜかといえば、簡潔にいえば自分の心が自分の心を考えるとき、これも平素しばしば説いている通り、どこまでが考えている心で、どこまでが考えられている心かという、その程度が深まれば深まるほど、客観と主観との観念の査定限界が不明瞭となり、しょせんは思量の**惑乱混迷**《わくらんこんめい》に終始するだけの結果になるためである。

要するに、世の人々の多くが「善」ということを口にし筆にしておりながら、いざ現実の人生事情に直面対応すると、往々《おうおう》というよりしばしばといってよいほどに、「不善」を言動にあえて演出してしまうのも、おそらくその**所因**は、今述べたような消息の中に存在していると断定してもたいした的外れでないと、心理分析の上から言明する。

惑乱混迷＝心がまどい、混乱して判断できないさま

所因＝原因。理由

そこで、私がことさらに敢えて皆さんに熱奨したいことは、前掲の箴言の通り、日常生活を行う際、できる限り善なることを行おうとするのは、第一に善なるものを理屈やかつまたそのときどきの自己感情で判定するよりは、一番率直明快な絶好手段は、自己のそのときの言動が普遍的妥当性をもっているか、あるいは否かを考慮の焦点とすることである。

もっとわかりやすくいえば、日常の人生生活を、自他のいずれに対しても独りぎめのわがままな自己本位の気持ちではなく、お互い人間同士の間柄を極めて円満に融和するような、普遍的妥当性のある言葉と行為のみで行おうと心がけて、かつそれを確実に実行することなのである。

そうすれば、それが期せずして、一切すべてがそのまま善なるものに共通するからである。

否、このようにして初めてその人の人生は、万物の霊長としての真人格を発揮した尊厳なものになりえるのである。

その昔、**儒聖**《じゅせい》のいった言葉に、

儒聖＝儒学に傑出した人

「自ら省みて疾《や》ましからずんば千万人といえどもわれ行かん！」

というのがあるが、この「疾ましからずんば」というのは、せんじつめれば、その思量の内容に普遍的妥当性が存在しているという必須条件があるがためであると、あえて喝破する。

そこで、ここに皆さんに特に普遍的妥当性の言動の真の実行を、容易に現実化し得る最良的確な理想的方法を、天風教義の上から**奨導**《しょうどう》することとする。

それはいかなる方法かというに、要言すれば、

「不偏愛」の実行ということである！

そもそも、不偏愛とは何を意味するかというと、率直にいえば何ものをも憎まざる公平無私の純正なる愛情をもって、人にも物にも、否、ありとあらゆるいっさいに平等に、相接することである。

それは**燎乱**《りょうらん》たる陽光と同様に……。

奨導＝奨励し、正しい方向に導くこと

燎乱＝あきらかに輝くさま

しかも、この不偏愛の実行ということは、ただ単に唯善践行の秘訣であるばかりでなく、厳格な意味からいって、真人生の本来の真の**面目**《めんぼく》なのである。

だから、万一愛の情に偏《かたよ》りがあるのでは、ほんとうの人とはいえないのである。

第一、愛情に偏りが生ずるのはその人の心に好悪《こうお》の感情のはなはだしいものがある結果なのである。

そして好悪の感情のはなはだしい人は、誰よりも本人それ自身が結局において心ならずもその人生を極めて**狭隘**《きょうあい》なものにしてしまう。

それは、愛情をもったときの心の感じと、人や物を憎悪したときの心の感じを比較考査すれば、直ちに分明する。

すなわち、愛する気持ちより憎む気持ちのほうが快いか否か？　よほど異常な者でない限りは、憎悪を忌《い》み嫌うのが必然である。

が、とにかく好悪感のはなはだしい人は、**融通無碍**《ゆうずうむげ》ともい

面目＝物事のようす、ありさま

狭隘＝狭いこと

融通無碍＝心に何のとらわれのないさま

うべき他の生物と比較にならないほどの自由自在の恵みを受けている人生を、己のわがままな自制を欠いた**放縦心**《ほうじゅうしん》のために、知らず知らず自ら萎縮して、とどのつまりその人生が自《じ》縄自縛《じょうじばく》のジレンマに陥る。のみならず、これもしばしば説示しているが、「人生の成功の金鍵《きんけん》」ともいうべき、人に好かれる要素という大事なものが全くスポイルされる。

いいかえると、好悪の差別感をはなはだしくもつ人は、自分もまた他人から同様に好悪される。

すると前述の通り、広大無辺の天地におりながら、極めて範囲の狭い人生に活きることを自然的に余儀なくされる。

ところがこれに反し、好悪感から離脱しえた人に好かれる人になれば、人生は安らかなものになり、あらゆるものが備わった人となれる。

一番よい証拠は、過去の日本の出世頭といわれる**秀吉**《ひでよし》で考えてみよう。たとえその**機略智**《きりやくち》**謀**《ぼう》に優れたものをもっていたとはいえ、身分なくしては出世の不可能の時代に、そのうえ

放縦心＝気ままで、わがままな心

豊臣《とよとみ》秀吉＝豊臣政権の主権者、関白。一五三六〜一五九八（天文五〜慶長三）年。平成八年NHK大河ドラマに登場

機略智謀＝臨機応変の計略と巧みな謀りごと

狂的とまでいわれた以上の**癇癖家**《かんぺき》である**信長**《のぶなが》に仕えて、何らの大過もなく、出世街道を気持ちよく**驀進**《ばくしん》したのは、秀吉の特徴ともいうべき人に好かれる要素を多分に所有していたからである。

容易に人を賞《ほ》めない信長でさえ、「彼奴《きやつ》は憎めぬうい奴（愛すべき者）だ」と秀吉を批評していたという説がある。

とにかく、人というものは、智識や経験や能力等がいくら優れていても、人に好かれる要素に欠けていたのでは、人と人との間にあって生存生活するいわゆる人間としての存在資格を完全に確保することがとうていおぼつかない。

いいかえれば、その種の人は広義において、人の世から村八分にされてしまうと同様になるからである。

よく広い世の中にこうした種類の人の存在していることを目にする。あのくらいえらく優れている人が、何ゆえにたいした出世も成功もしないのかという種類の人、それを何か不運とか、さもなければカルマ（業）のように思う人がある

癇癖家＝神経過敏で怒りやすい性質の人
織田《おだ》信長＝戦国・安土《あづち》桃山《ももやま》時代の武将。一五三四～一五八二（天文三～天正十）年
驀進＝まっしぐらに進むこと

が、せんじつめれば、人に好かれる要素に欠けていることが、その大きな原因として発見されるに違いない。

なぜならば、これまた口癖のようにいっていることであるが、人は、何人《なんぴと》といえどもひとかどの出世成功をなし能《あた》うように生まれながらにしてできているという絶対真理があるからである。

であるのにもかかわらず、いつまでたってもうだつが上がらず、一生を大したものにもならず過ごしてしまう人が現実に存在しているのは、要約すれば今述べたような必須要素の養成を生活条件の最大要項としてその考慮の中に置かない錯誤があるからである。

しかし、この重大要素が、不偏愛の実行に専念すると自然に完全に解決されるのである。

というのは、不偏愛と右の要項は今さらの発見でも創意でもなく、前掲の通り、この宇宙創世のときからの絶対真理だからである。

だからこそ、この世にある宗教のすべてが愛の情を最大に重視して、その教義のプリンシプルとしているのである。

現に仏典にも**三祖**《さんそ》**鑑智**《がんち》**禅師**の信心銘《しんじんめい》に、最もわかりやすく**劈頭**《へきとう》第一に「至道無難《しどうぶなん》、唯嫌揀択《ゆいけんけんじゃく》、但《ただ》憎愛莫《な》ければ、洞然《とうねん》として明白なり」（大道に至ることは難しいことではない。選り好みをしないことだ。あれが好きだとかこれが嫌だとか言わなければ、何の障りも起こらないのは明白である。）と、日本文字の読める人なら一見直ちに分明する語句で教えを示している。

いずれにしても不偏愛こそは、とりもなおさず、大宇宙の犯すべからざる絶対真理だということは、どんなときにも忘れてはいけない、心に銘記しておくべきことである。

したがって、しょせんは、ただひたむきに実行するにあるのみである。それには天風会員諸子にとって、最も幸福ともいうべきは、普通人が容易に知得していない精神統御に対する重要な、しかもユニークな各種の方法を天風教義で会得し

三祖鑑智禅師＝〔僧《そう》璨《さん》〕。中国禅第三祖。周《しゅう》の武帝の仏教迫害のため山中に隠れ、厳格な修行に専心した

劈頭＝最初

ているがゆえに、この帰納的説明も一読完全に理解され、また即時実行も極めて容易であると確信する。

よってこいねがわくは、この箴言そのままの人生に活きて、汎《ひろ》く人の世の幸福を念願とする、立派なリーダーとしての真人生に活きるべき正念《しょうねん》を発起《ほっき》され、統一道という宇宙真理を皆伝する先覚者としての輝かしい真本領を発揮されんことを、心より熱望するのみである。

天風24箴言

真人たらんには　其の生活を
考慮するに先ず　生存を確保
することを第一に認識するべし

箴言二十四

真人たらんには　その生活を考慮するに先《さきだ》ち
生存を確保することを　第一に認識するべし

To be a TRUE MAN, we must, first of all, perceive to secure our existence of life before we consider our way of living.

この箴言は、われらの天風会で開催する**心身統一法**の講習会の入会日の冒頭に、安武《やすたけ》副会長（二代目会長）かまたは井上《いのうえ》講師か杉山《すぎやま》博士（四代目会長）のどちらかが、天風教義の根本原則に対するプリンシプルを説くとき必ず説述される重要な問題である。

そして、それを序論として連日講習する教義は、その大部分が、この箴言誦句《しょうく》の眼目となっている生命の生存確保のための実際的手段と方法である、ということは天風会に入会された皆さんはすでにご承知の通りである。

が、世人の多くを見てみると、案外にも相当の教養ある人でも、日々の生命に対する生活のみを考慮することにその人生の重点を置いて、何よりもおろそかにすることが許されない生存という人生の基礎的な重大事を、むしろ考えなさ過ぎ

心身統一法＝心と身体を命において統一するための行修法

るといってよいほど全く考慮の外において、しかもそれで万全の人生を獲得、もしくは建設できるもののごとく考えて、その考えが人生処置に対して極めて不全なものであるということを少しも気付かず、毎日をただ生活のことのみを専念に考え、それを実行することに日もこれ足らずというふうに、あくせくと心を使って貴重な人生を過ごしている実際傾向がある。

この点については、各講師が講習のたびごとにさらに詳しく言及していることであるから、もはや皆さんは十分に理解されているはずである。すなわち、生活のことのみを重点として専念するというのは、詳しくいえばいかにして利得を多くしようとか、今日はどこに行こうかとか、どうすればもっと楽しめるかとか、あるいは何かうまいものを食べようとか、よい衣服を身につけようとか、たのしい恋愛をしようとか、等々の種々雑多のことである。

これはもちろん人生の一方に存在する考えるべき、いや考えねばならない活きることに対する重要な事項に相違ない。がしかし、真人として正しく完全な人生を活きるためには、一つの人生の奥に存在する犯すべからざる事実を忘れてはならない。それは生命の生存を確保するということである。

もっと詳細にいえば、あれが欲しい、これをこうしたい、ああしたいと欲求する**意念**《いねん》が人間の**心頭**《しんとう》に生ずるのは、ひとえに活きている「命」があるからである。

生命が活きていなければ、何ものをも欲求する意念は生じようはずがない。

多くの人々は、われわれが日々いろいろな欲求や感情を心にもちつつ生活できるのは、その生命が生存しているからだという重大なことを案外気づいていないようである。

したがって結論的にいうと、こうした慣習が自然と、心と身とを一つに結合して活きるという人間の正真正銘の活き方を考えないという、遺憾な結果に陥っているのであるといえる。

意念＝意識
心頭＝心の中

であるから、それを完全に是正する厳格な必要条件として、われらの提唱する心身統一法は、その根本原則の第一のプリンシプルとして、生存の確保ということを強調するゆえんであると、これまた各講師が毎回**諄々《じゅんじゅん》と**啓蒙《けいもう》されているところであるから、無論皆さんは充分理解し実行に専念されていると信ずるが……、実際、いつもたえず説述している通り、会員諸子のような真人生建設の真理と方法とを知っている人はとにかく、知らない人々は、その生命の健康のときには何の反省も感ずるところなく、ただ、心頭に発作的に生ずる意念から生まれる欲求のみを本位とする生活一途に活きているが、第一健康難や運命難に襲われると、ただ薬餌《やくじ》療法とか食餌《しょくじ》療法とか等々その他の肉体本位の手段のみでこれを恢《かい》復《ふく》もしくは救済しようとする。

　ところが、平素から生存の確保という、生活ということよりも、より以上真剣に考えねばならぬことを実行していない生命には、いかなる方法手段をもってしても相対的な効果は

諄々と＝ていねいに繰り返し教え、戒めるさま

あっても、絶対的な効果を獲得することはできないのである。

というのは肝腎《かんじん》かなめのいのちのちから「生命力」が萎縮減退しているからである。

そのため、努力徒《いたず》らに空しくして効果極めて少なしという遺憾なる結果が心ならずも生じてくるのである。

否、事実においてこの種類の人がいかに現代の世に多くいるかということを見聞するたびごとに、痛切に感ずることは、われわれのように生存確保の真理とその実際方法とを知り、かつ実行する者の幸福への感謝である。

実際、生存確保ということを人生考慮の中におかずに生きる人は、前述した理由でどんな方法手段を行ったところで、完全な成果をいくら期待しても、健康や運命に対していかなる方法や手段を実行してみても、現実に満足するものを獲得することは不可能である。

慎重に考えてみよう！

真理というものは、厳然として今まで述べてきたような消息をいつも事実という犯すべからざるもので明らかにこれを立証しているのだ。である以上、人間がときどき病になったり、不運命になるのを当然のことと思ったり、または避けることはできないやむを得ぬ業《ごう》（カルマ）のように考える考え方は、断然訂正すべきである。

特に、健康難のごときは、人間の寿命の絶えるとき以外は、そうめったやたらと、病に侵されるはずはないのが絶対の真理である。

しかるに、その反対の状態の人生に活きている人の多いのは……。

要約すれば、原因あっての結果で、俗にいう蒔《ま》かぬ種には花は咲かないのと同様のことである。何事もいわゆる論より証拠のたとえの通り、**翻然《ほんぜん》として**この点を反省し、生命の生存確保の方法を正しく実行すると、即座に宇宙エネルギーの受入態勢が期せずして用意されることになるがために、自然

翻然として＝ひるがえって

と生命活力が充実してきて、健康のごときはもちろん、運命関係も、まるで**天馬《てんば》空《くう》を行《ゆ》く**がごとくに、極めて有意義に、感謝以上の現実復元をするのである。

だから何はともあれ、要は生存の確保をする方法を真剣如実に実行する者は常に価値高い生命力が充実していて、いかなる場合にも颯爽潑剌《さつそうはつらつ》とした生命力が躍動しているために、みだりに病難や運命難に侵されるはずがないのが自明の絶対真理である。

であるから、われらの実践する統一道の真理と事実とを未だ知得されていない知己なり友人なりが、皆さんの交人関係なりグループの中におられるならば、皆さんの霊性の中にある尊い人類愛という感情をもって、生存確保と生命運営の枢《すう》軸《じく》機関といえる神経系統と生活機能との密接な関係を説述されて、その人々の正しい人生自覚を促され、真の人生幸福に活きつつあるわれら統一道の盟友として誘導され、人生真理を知得し、かつまた健康や運命を完全にして活きる真人を殖

天馬空を行く＝天馬が思いのままに空をかけめぐるように、考え方が自由奔放であるさまをいう

やすことに貢献されることを、皆さんの尊い人生功徳《くどく》とかつまた人生責務のために心より提唱する。

否、このようにして初めて真理を知らされた天恩に心からの感謝を捧げることとなり、同時にそういう人こそ期せずして常に幸福に恵まれる真人となりえる人であると、あえて重ねて熱唱する。

否、否、およそ心ある人間なら恩恵を受けて感謝を感じない者はないはずである。もしも、恩恵を恩恵と思わぬ者があれば、その人は犬猫にも劣る**顰蹙**《ひんしゅく》すべき卑しい**忘恩**《ぼうおん》の徒ともいうべき徒輩《やから》である。かくいう天風がいわゆる人生欲望の最も激しかった年齢四十歳のとき、**樹下石上**《じゅかせきじょう》もいとわないという決意をもって、敢然としてこの法の宣布《せんぷ》を思い立ったのも、凡人不肖《ふしょう》の者が偶然の動機から真理を悟らせられ、その上数多い実際方法まで霊感自得したという、考えても考えきれない量り知れぬ天恩を授けられた**深甚**《しんじん》なる恵みを思えばこそである。

顰蹙＝不快に思って顔をしかめること
忘恩＝人から受けた恩を忘れること
樹下石上＝山野、路傍《ろぼう》などに露宿《ろしゅく》する、出家行脚《あんぎゃ》の境涯をたとえる
深甚＝非常に深いこと

しかも、皆さんにおいても天風と同様な恩恵に浴していると厳粛に考慮されるべきであると思う。まして皆さんは労少なくして得るところが多いという、天風よりはるかによい果報の恩恵を与えられている。

その点まで省察が行き着くならば、真理の践行に勤勉であると同時に功徳の布施に力を尽くすべしという天風の真意のあるところも充分に理解されることと信ずる。

こいねがわくは、お互いに清い心で尊さに慣れていないかを反省し、生存確保の践行に努力することである。

天風25箴言

真の幸福というものは衷心から
現在感謝を実行する謙虚な
心から期せずして招来される

箴言二十五

真の幸福というものは　衷心《ちゅうしん》から現在感謝を実行する
謙虚な心から期せずして招来される

Real happiness is naturally brought from a humble mind with which gratitude to the existence of life is expressed sincerely.

この問題は、修練会を履修した人なら誰でも十分に納得できる事実問題である。

多くいうまでもなく、修練会で修得された**安定打坐密法**《あんじょうだざみっぽう》を実行すれば、極めて容易にこの問題の**消息**をその心意識に感得することができるからである。

というのは、すでに修練会員諸子ならよく知っているように、修練会の重要行修課程となっている真理瞑想行を行う際、その基本要諦として必ず践行する安定打坐密法は、これを真剣に実修すると自然的に心意識領の完全払拭が現実になる結果、宇宙創造の根本主体に実在する、無限で不変不朽な、かつ建設的なる創造の力（ヴリル）という尊厳なるものと心意識領が不可分に結合し、その当然の帰結として、いわゆる**一切智**という絶対的なものと全一《ぜんいつ》的となるため、あらゆ

安定打坐密法＝無念無想の境に達入するための独特の座禅法

消息＝事情。ありよう

一切智＝すべてを知了する智慧

る真理を極めてスムーズに感得する。すなわち、自然的本然の作用（ナチュラル・アクティブ・キャパシティ）が人間の特に意識領域に賦与《ふよ》されているからである。

　そして、幸福というものは、多くの人々が考えるような客観的なものでなく、要はいずれの点から、観点を措《お》いて考察しても、絶対に主観断定のものであるということが理論批判でなく、いわゆる霊感的に刹那断定で、判明する。

　これを精神科学的に説明すると、意識中の最高の霊性意識が発現して来るがためである。

　そして、同時に、生命の生存に対する現在状況のいかんにかかわらず、その存在に満足の感謝を心をして感じさせることが、幸福招来の何よりの先決問題であるということがわかってくる。

　もっとわかりやすくいえば、健康に故障があろうとも、また運命に**不如意**《ふにょい》のものがあろうとも、否、もっと極言すれば、いかなる場合に対しても、そういうときに、なおかつ活

不如意＝思うようにならない

きていられるという大きい事実を感謝する心をもつことであるということが自然と悟れるのである。こうした心こそ、いわゆる謙虚な心という。いいかえると、何らのわだかまりのない**純一無雑**《じゅんいつむざつ》な人間だけがもつ最高の気高《けだか》い心なのである。

ところが、概《おおむ》ね多くの人は、平素講習会のときにもしばしばいう通り、いろいろと難しい理屈や議論を口に筆に、**喋々**《ちょうちょう》する割合に、こうした絶対真理を少しも正しく自覚していない。

　率直にいうと、かくいう筆者も壮年の頃まで全然このような階級の高い自覚を心にもっていなかった。相当の理智教養をもっていながら、無自覚のためとはいえ、幸福をひたすら相対方面にのみ求めて、ただあくせくと一向に満足を心に感じないままに絶えず不平と不満の奴隷となっていた。

　しかもそれが大変な誤りであることも知ることができなかったため、ただ心の中は求めるものだけがいたずらに多く、しかも得るものがあまりにも少ないので、実にやるせない焦

純一無雑＝心が純粋で雑念のないさま

喋々＝よくしゃべるさま

りと煩悶《はんもん》にさいなまされ、形容のできない懊悩《おうのう》の毎日を過ごしたものである。

だから、ちっとやそっとの恵まれなどは、嬉しいと思ったこともないという、実に今から思うと憐れな卑しさが心の全部であったといえる。

前にもふれたが、道歌に、

「おもうこと一つかなえばまた二つ　三つ四つ五つ　六《む》つかしの世や」

という、まったくその歌の通りであった。

それがいったん**ダーラナ密法**と**ダーヤナ密法**を会得して、換言すると皆さんに教える安定打坐密法と真理瞑想行を践行の結果、先に述べた真理を感得し得て、さらに十数年の苦心の末に、現在皆さんに伝えている各種の精神統御の方法を創見して、それを実行に専心懸命したところ、まったく文字通り**天空海闊光風霽月**《てんくうかいかつこうふうせいげつ》さながらの積極的な心を作り上げることができ、永年わが心を苦しませた不平不満やその他一切の忌

懊悩＝悩みもだえること

ダーラナ密法＝ヨガ修行の第六段階。精神集中（凝念）の修行

ダーヤナ密法＝ヨガ修行の第七段階。精神を集中しつくす（静慮《せいりょ》）の修行

天空海闊＝広々とした天地のことをいう。気持ちがさっぱりとして、おおらかなこと

光風霽月＝雨雪がやみ、空が晴れることをいう。心に一点の曇りもなく、清々《すがすが》しいこと

まわしい消極的な心はまたたく間に雲散霧消し、代わりに何事に対してもまずそのことを積極的に善意に解釈して、（講習会で常に力説する通り）感謝一念で活きることができるようになってから、あえて努力しなくても幸福が頻来《ひんらい》するという果報の毎日を満喫するようになれて、さしもの難患のごときもまるで厚紙を剝《は》がすように快癒し、その上全然予期もしなかった長寿を自分でも不思議と思うほど颯爽矍鑠《かくしやく》と持続して、今なお多くの人々に人生幸福を事実お頒《わ》けする聖業にいそしんでいられるというありがたさに恵まれているのである。西哲の言にもある通り「事実が最後の証明者である」。要するに、こうした心になったおかげである。

であるから現在運命なり健康なり、それればかりではなく何事かに不平不満なりあるいは不如意を感ずる人は、とにかくそのことがらに拘泥《こうでい》する心を前述の通り、まず感謝と満足の方面へと振り替える心的態度を採ることである。もちろん、心に対する真理と方法とを知得する皆さんは、凡人のやから

頻来＝しきりにおとずれること

矍鑠＝年老いても丈夫で元気なさま

拘泥＝こだわること

が感じるような困難を感じることなく、むしろ容易に心の振り替えを現実化できることは必然と確信する。

要するに、ただひたすらに実行するのみである。

実行が伴わなければ、秘法も密法も何をかなさんやである。

そういうわけで、不幸に直面したら、まずその不幸に際しても、なおかつ生命を失わずに現在活きていられることを感謝することに心を振り向けるべきである。するとそうした心がけそれ自体が、幸福を招いて来る原動力となるのである。

だから、英国の諺にも、「汝が不幸なときこそ幸せそうに振る舞え」というのがある。

また「人は、自分の心の持ち方一つで、どの程度でも幸福になれるものである」というのがある。

結論すれば、理論よりは事実である。そうでなくても自己の生命は絶対に他の何ものとも取り替えることのできない貴重なものである以上、いわんや「天は自ら助くる者を助く」

という真理が、また絶対に犯すことのできない状態で実在するのであるから、一日も早く自己の心を真理に順応する謙虚なものとなして、真の幸福を収受されんことを心よりあえて勧奨する。

天風26箴言

他力本願でのみ生活すると
人間の一番大切な理想と
いうものが到底貫徹しない

箴言二十六

他力本願でのみ生活すると
人間の一番大切な理想というものが　断然貫徹しない

If we live a life solely depended upon outside help, our ideals, the most important thing for man, will never be accomplished at all.

この箴言もまた読んで字のごとしで、深く説明をしなくても充分皆さんの理解されるところと信ずる。

ところが、この一目瞭然たる事実を正しく心に認識して、人生に活きている人が案外事実において少ない。

そして、何かにつけて、やたらと人の助けや援護を求める。

誰でもよく知っている諺に、「天は自ら助くるものを助く」というのがある。この言葉が明らかに、人生他力《たりき》のみをあてにしては断然だめであるということを、合点せしめてくれているといわねばならない。

ところが、今述べたようなことが充分わかっているはずの理智教養をもっている人が、何事かが行き詰まりでもすると、すでに前述したように、他力の援護や助けを求める。

しかも、それをむしろ当然の行為で、何らの間違いのないもののように、平然としていささかの反省をも感じない人が多い。

これもまた極言すれば、曰《いわ》く「物質文化のもたらした一種の**余弊**《よへい》」ともいえると思う。

いいかえれば物質文化が偏《かたよ》った形で発達した結果、精神生命の存在を軽視したため心的態度が消極化し、とどのつまり期せずして人間としての極めて重要な、独立自尊という尊厳な自己統御の真髄にずれが来たからである。

由来他力依存ということでは、前掲の箴言に表示する通り、いかに価値ある**高遠**《こうえん》な理想も、その片鱗さえも具象化させることもできず、**畢竟**《ひっきょう》は**空念仏**《からねんぶつ》に終わることを余儀なくされるに決まっている。

というのは多くいうまでもなく、自分が抱く理想や希望を実現する者は、自己のみでしかないからである。

要約すれば、他力依存の態度ではとうてい自己自身からの

余弊＝弊害

由来＝もともと
高遠＝高尚で遠大なこと
畢竟＝とどのつまり
空念仏＝実行の伴わない主張

実現性が、なんとしても発揮されえないためである。

いつも天風が説示している「自己を作るものは自己なり」という真理は、まことに犯すべくもない絶対的のものである。

ところが、このわかりきっていることを、何事ぞといいたいくらい、世の概《おおむ》ね多くの人は、健康や運命に支障が生じたとき、その恢復や打開をすぐさま他力に依存して解決しようとする。

否、そうすることがむしろ妥当性のある的確な手段のように思う。すなわち他力に依存すれば、何事もスムーズに解決できるものであるかのごとく思ってしまう。

しかし、これはまったくの大間違いである。要は自己人生のことはいかなることも、主動力は自己において堅持すべきである。

他力依存は、主動力を他に転移するのと同様の結果を期せずして招くことになる。

考えてみるべしである。すなわち、主動力が他に存在している事物は、もはやそれは自己というものが、その事物の関係から引き離されて、断然間接のものとなるのである。

すなわち、断言すれば、それはすでに自己ではない。自己以外の、自己ならざるものなのである。

したがって、自己でないものの力をもってして、自己の主動力が活動しないと完遂できないものを、自己の思うように顕現《けんげん》しようとするのは、何といっても**無所存**《ぶしょぞん》な存念である！

また万歩を譲って、かりにそれが実現したとしても、それは自己の力の表現ではなく、まったく自己と無関係のものの表現であると、真理は厳《おごそ》かに断定する。

もちろん、宇宙真理に順応して、真正なる人生に活きるわれら天風会の会員諸子は夢にもこの真理に背反する遺憾は行わないと思うが、よりいっそうの戒心をもって普通の世人がややともすると間違いと気付かずに敢行する違徹《いてつ》（あやまった筋道）を踏襲しないよう注意すべきことを、「前車の覆《くつが》え

無所存＝考えのないこと

るを後車の戒めと為せ」という言葉に照らして、篤《とく》と慮《おもんぱか》って、自力本願という独立自尊の真価を発揮されんことを、真人として尊い格調を確保するため、切に切に熱唱する。

特に、病難に際し、または運命難に直面した場合には、平素充分天風教義の理解に**透徹**《とうてつ》していると思っても、そういう場合、修養未完成の人はそのことがらに引きずられて知らず知らず心の平安を失い、その結果、われら天風会員の誇りとする独立自尊という尊厳な立場から、他力依存という価値階級の極めて低劣な方面へと自己の心的態度を転移して、無益な**焦燥**と混迷とをあえて為すという愚行を行う怖れがないわけではないから、そういう場合に、さらにさらに入念周到に内省検討と暗示分析とを実行して、心鏡の浄化清純に努力されるよう心より付言する。

ちなみに一種の皮肉な諷刺に類する諺を付加して、皆さんの実際参考に資供する。

He that is fed at another’s hand may stay **ere** he be

透徹＝明らかではっきりしていること

焦燥＝焦る気持ち

ere（古語）＝before

full.
（人の手で食べさせてもらっていたら、満腹には至らない）

天風27箴言

腹を立てて居る人には決して
その心持に迎合の共鳴をし
たり或は雷同してはならない

箴言二十七

腹を立てて居る人には　決して　その心持に
過度の共鳴をしたり　或は　煽動《せんどう》してはならない

Never sympathize excessively with a person in his anger nor instigate him.

多くいうまでもなく、人間が原因のいかんを問わず、腹をたてているというときの心理状態は、決して正常な心理状態ではないのである。要言すれば、腹をたてているという状態は、憤怒《ふんぬ》という激情の**発作《ほっさ》**したときのことをいうので、そのときの意識状態は、たとえ側面から看《み》て冷静であるかのように見えていても、事実においては断然平静を失って、異常な興奮状態に陥っているときなのである。

いいかえて形容すれば、怒りという激情の発作のために、**心火《しんか》**さかんに燃え上がっているときである。

このときに、たとえ善意にもせよ、その腹をたてている人の心持ちに、かりそめにも共鳴したり、あるいは同情的な言動をあえてすれば、とりもなおさず、燃えている火に風を送って煽《あお》りたてるのと同様の結果が生じてくる。

発作＝突発的に起こること

心火＝烈しく起りたつ憎悪、憤怒

燃えている火を煽れば、火の勢いはますます強まる。

これと同様で、憤怒という激情の発作によって興奮している人に、前記のごとく、たとえ善意にせよ、いささかにても同調する態度を言動で示すと、その結果は、概して良くないことになりがちである。

直接的には、腹をたてているその人自身の生命力の中枢である神経系統の生活機能に、極めてよくない反射作用を惹《ひ》き起こし、不測な不健康を心ならずも作為するのみならず、簡単に解決するであろうような小事件をも、往々に収拾困難な大事件にしてしまう恐れがあるというような実例は、世間にしばしば見聞することなので、皆さんもよくわかっていることと信ずる。

ところが、人々の多くはこの事実に案外周到な関心をもたない傾向がある。

中には、権力者に対する**阿諛《あゆ》的**な気持ちや、あるいは親しい人の歓心を買うためという極めて第二義的な心持ちで、盛

阿諛的＝おもねり、へつらうさま

んにその怒りの激情に共鳴したり煽動したりする言動を、しかも極めて善意的行為であるかのように思って、ことさらに敢行する人すらある。

しかも、それが教養のない人ならともかく、立派な良識をもっているはずの人の仲間にすら、その種の人の多いことを見受ける。

そこで、ここであえていいたいことは、こういう場合、かりにも宇宙真理に順応して正当な人生に活きんとするわれら天風会員は、その事態を苟《いやし》くもすべからずである。すなわち、極力誠心誠意、その憤怒の激情を鎮静せしめて、正規の平静心意に復帰するよう、その誘導に尽くすことを、対人行為の心がけの第一とすべきであるといいたい。

否、そうしてこそわれらの「誓詞」にそう立派な活き方で、すべからくこれぞまさに天風会員としての**真本領**の完全発揮なりと絶叫する。

今や、世はまさに複雑混沌の時勢である。そして、正当の

真本領＝本来のもちまえ、本質

人生自覚をもたぬ人々は些細《ささい》なことにも心の平静を失い、憤怒の激情や煩悶や憂鬱の劣情に陥りやすい。したがって、すなわちこのときこそ、人生真理をよく理解し、かつ尊重するわれらが人の世の正しい先覚者となって、できる限り平和に活きる人生のときの長からんことこそ、真の人生の本来の面目であることを、事実の行為を模範として明示すべきである。またそれをわれらの最高の理想とすべきである。

天風28箴言

人は自己のために活きると同時に亦常に人の幸のために活きることを忘るべからず

箴言二十八

人は自己のために活きると同時に
亦《また》常に　人の世のために　活きることを忘るべからず

Man should not forget that while he lives his life for his own interest, he must live always for the benefit of society.

この箴言もまた読んで字のごとしである。多くいうまでもなく、われわれは無人の地に孤独の生活を営んでいるのではない。すなわち他の人々と共にその生活を共同的にあえてなしているのである。

である以上は、自分のことだけを考えての生存や生活の方法では、万物の霊長たる人間としての本来の面目に対して、全然その意味をなさないことになる。

否、ただ単にその意味をなさぬばかりでなく、そうした人生では決してその人にとって順当な人間としての幸福は何としても招かれようはずがない。

それは今もいった通り、人間というものは孤立の存在というものを絶対に許容されないという厳しい天理《てんり》があるためなのである。

天理＝人為ではない天の正しい道理

そもそも「孤立」ということと、「独立」ということとは、全くその意味を異にしている。もちろん、独立ということは、正しい自覚をもつ人間として最も尊い人生状態である。がしかし、孤立は前述の通り天理に背反《はいはん》する無価値のものである。

である以上、自分のことのみ考えて、他の人々のことを考慮の中に入れない人生観や生存生活の方法というものは、自分ではむしろ気付かずとも、それはとりもなおさず孤立とほとんど五十歩百歩、いささかの異なりがない状況なのである。

したがってそういう考えをもつ人には、何としても本当の人生幸福は来ない。否、幸福のみか人間としての天分の発揮すらもできないという惨《みじ》めな結果さえ来る。

そうなったら人間はいったいどうなるだろう!

ただ万物の霊長という名のみの存在で、その生涯に何の光も価値もないただ苦しみ患《わずら》うだけの惨めなものになり終わる。

いつも説示の際にも力説する通り、人間の一生なるものはただ一回限りのものである。

その一回限りのものを、無意味に活きたのでは、極言すれば畜類にも劣るといわねばならない。

だからこそ、いささかなりとも人生に正しい自覚をもつ者は、常にこの箴言の現示する通り、できる限りの誠意をもって人の世のためを思い、それを実行することをその心としなければならない。

ところが、ここに特に真剣に注意したいことは、この「人の世のために尽くす」という言葉が、概して一種のお題目になっていて、少しもそれが価値高い実行に現実化されていない人が往々にしているという事実である。

たとえば適切な例でいうと、現に多年の病苦や人生苦を**心身統一法**という絶対真理で救われた無限の喜びや感激を、ただ自分独りのものとして、一向に他にその幸福を頒けようと

心身統一法＝心と身体を命において統一するための行修法

しない人があるのである。

否、私はそういう人のことを、人間の尊い聖なる情熱の冷めている、いわゆる冷酷な人ともいうべきであると思う。もちろん数ある会員の中にこの種の唾棄《だき》すべき人はそうたくさんはいないが、ときにたまたま散見する。他の人にこの真理を伝えようとしない人は、要言すれば人の世のためを思うという純聖なる人類愛がその人の心の中に燃えていないからだといえる。その人々の弁解の言葉は、いつも判で押したように「いくら勧めても来ないから」とか、「ああいう人の好意を無視する人などには勧めたくない……」とか、なんのかのとの言い訳があるようであるが、とどのつまりは人間の聖なる思いやりという気高い情熱が冷えた、エゴイスティックな気持ちにその人の心が堕してしまっているからであるといわねばならない。

ある恩情なり**情誼**《じょうぎ》に接して、それに報いたいと思わない人は、およそ犯してはいけないコンペンセーション（代償）の

情誼＝情愛

法則を無視した人である。

そして、そういう種類の人は、必ずややはり当然コンペンセーションの法則の厳格な支配を受けて、疾病苦なり運命苦に必ずしばしば襲われる。

しかも、なおかつその原因に気付かずに、その疾病はこういう原因からだとか、その運命苦はある経済条件が原因だとか、あるいは経営上のミスだとか、あるいははなはだしいものになると「責」を他人に負わして、誰々のためにこうなったとか等々、少しもその原因が自分の心の中の思いやりとか感恩感謝という正しい情念の欠乏、または冷却からだという本当の理由にその反省が向けられようとしない。

否、反省しようにもはっきりいうと、心それ自体が遺憾ながらその機能性を失っているために、いいかえれば**感応性能**のアンバランスのために自己の心境に対する正当な判断ができないので、あくまでも自分の現在意念に、換言すると自分の今の考え方にいささかも間違いがないと、誤った断定を誤

感応性能＝刺激を感受する心の性能

っていないと誤っているのである。しかも少しもそれに気づかないのが、そういう人の共通性なのであるからである。

しかも事実において、最近の世の中には、残念ながら、その種の人がますます増加の傾向さえあるのである。

だからこそ、あえて自問自答をおすすめしたい、果たして皆さんはいずれの種類に属する人か？　ということを。

これは本当に真剣に内省検討してみてほしい！　中には「理屈は充分理解して『わかって』いるが、なかなか人の事にまで手が延びぬわ」などと平然という人すらある。

私もかつてインド哲学の研究中、こういわれたことがある。「君は朝から晩まで自分の病苦ばかりを苦悶しているが、たまには人のことも考えたらどうだ？」と。

その当時の私は人のことを考える気持ちなどいささかもないくらいに、自分の病苦に苦しんでいたものだから、「病が恢復してから人のことも考えましょう」と平然としていったものである。すると、「現在でも考えられるじゃないか？」

というから、「現在そんな余裕なんか私の心の中にありません」といったら、「君は情けない人だね、自分がやるせない病苦を感じたら、こんな苦しみを他の人が感じたらどうだろう？　さぞつらいことであろう……でもこの苦しみを自分だけで味わっているのがせめてもの幸いだと思えないかね……いいえ！　そう思うような人間らしいゆかしい他愛心が君の心に燃えてくると、もっともっと早くその病も恢復するのだがなあ」と熱意をこめていわれたとき、はっと私は、なにか厳しいものを心に感じた。

それもそのとき以前の私なら、あるいはその尊い言葉を一笑に付して、何ものをも感じなかったかもしれない。詳しくいえばそのとき以前の私は医科学のみを専攻しただけに、心の態度と自然良能の密接な関係などという物質科学以上の純粋科学のあることを認識していなかったからである。しかし、幸いにもその言葉を耳にしたときは、物質科学以上の純粋科学にようやく目覚めかけていたときだけに、すなわち科学的迷妄《めいもう》に相当の自覚を感じていたときだったから、実際、はっと大きい手応えを心に感じたものである。

であるからそれからというものは、同じ痛みでも苦しみでもこれが自分ひとりの苦しみであり、痛みであるのがせめてもの幸いだ、この老人にもしもこの苦痛があったら、さぞや可哀想であろうと、私の傍らにひごろ親しく**近侍**《きんじ》している老《ろう》爺《や》に思いやりの心をかけるように発心《ほっしん》して以来、まったく不思議なほど苦痛も軽減してきて、恢復度も目に見えるようになってきたのである。そして今さら精神態度の生命力に及ぼす実際を、事実に体験させられて驚いたものである。

しかし諺にもいう通り、事実が最後の証明者である。まったく一事が万事のたとえの通りで、こうしたことが反省のきっかけとなって、心の態度の改善に心がけて以来、今やまさに誇るべき健康美と運命境に恵まれるに至ったのである。

そして、ひたすらに自分の幸福を思うにつけて、人々の幸福を思わざるをえない思いやりの心情が自然と私の心に湧き

近侍＝本来の意味は、主君のそば近く仕えること

出てきて、この聖業《せいぎょう》を思い立って以来現在に至るまで、おかげにも半世紀にわたって、人の幸福のために営々としていられるという至幸至福の日々を送りえている。それだけに皆さんにおいても、要はこの箴言にある通り、もちろん、自己のために活きる方策や方法に努力する必要は蔑《ないがし》ろにできないが、と同時に常によきにつけ悪《あ》しきにつけ、人の世のため、人々の幸福を考えて、いいかえれば思いやりの心をゆたかに自分の心のものとしてほしい。他の人々もあなたと同様に尊い生命に活きているのであるから。それにはもう一度じっくりと私の著書『**真人生の探究**』の結論辞を熟読してほしい。そして万物の霊長たる人間の真価を発揮し、その**本然**に安住するように正しく考えることを推奨する。

『真人生の探究』＝昭和二十二年に天風会から発行された書物
本然＝本来のありさま

天風29箴言

心身統一の道を志すものは
感應性能の積極化ということは
限度が無いという事で忘れてはならない

箴言二十九

心身統一の達成を志すものは
感応性能の積極化ということには
限度が無いという事を忘れてはならない

If you aim at the achievement of unifying your mind and body,
you must not forget the fact that there is no limit to making your
susceptibility positive and constructive.

　そもそも天風会が五十年来**唱道垂示**《しょうどうすいじ》しつつある心身の統一法とは、適者生存の真理に遵《したが》い、**心身一如**の真事実を現実化し、人生に必枢《ひっすう》欠くべからざる健康と運命とを確保し、再度くり返すことのできないわれわれの人生を真実活きがいのあるものとして、その全生涯を如実に有意義にすることを終始一貫その全目的としていることは、われら天風会の全会員が十分に知り尽くしているところである。

　そしてその根本原則として、心と身とを結合する唯一の中枢たる神経系統の生活機能を極めて順調に作用させることが、その第一の**要訣**であるということ、しかもこの目的を現実にするには、何をおいても精神生命の生存を厳として自然法則に則《のっと》って処理することがその先決的要訣であるということ、またさらに精神生命の生存を自然法則に則って処理する

唱道垂示＝自ら先に立って唱え、正しい道筋を指し示すこと
心身一如＝心と身体が一つのものであること

要訣＝大事な秘訣

ということは、換言すれば精神生命の本然に即応して、いかなる場合、いかなることにも、その心的態度をあくまで積極的に堅持していかなければならないということ、これらは皆さんには敢《あ》えて贅言《ぜいげん》を要せざる理解であると信ずる。

がしかし、この点までの理解がいかほど明快であっても、平素力説するごとく、精神生命固有の感応性能がまずそのアンバランスを矯正して、確実に作用するように積極的に調整されないと、せっかくの理解があたら空念仏《からねんぶつ》に終わる憂いがある。

多くの会員諸子の中に、きわめて稀《まれ》ではあるが、ときたま心身統一法の理解が徹底的に明解されているにかかわらず、いざというときに、たとえば図らずも病患に襲われたとか、または運命的不慮のできごとに遭遇すると、そもそも何のために真理を理解したのか？　と思われるような人がいる。

これはつまり、先に紹介した大切な精神生命固有の感応性能が、いつしかその積極程度に間隙《かんげき》を招来してアンバランス

贅言＝よけいな言葉

になったか、または知らず知らずの間に消極化したからである。

こういうと、あるいはその人はいうであろう。「随分と一生懸命教義を実行しているのに」と。しかし、特に注意すべきはこの点である。何しろ形容のできない複雑な今日は、文字通りのマスコミュニケーションの時代である。たとえ懸命な努力で感応性能の調整に必要な教義や方法を実行しても、ややもすると強烈な他面暗示事項のためにその悪影響で、前掲の通りまったく知らず知らずの間に感応性能作用を不調和にされてしまうというように、これまた文字通り今日は油断のできない時代なのである。ところが、多くの会員諸子の中には、心身統一法を理解し、その教義と方法を実行すると、まもなく打って変わったように精神生命状態が積極的態度になり、自分自身でも驚くほどの頼もしい変化を実際的に実感すると、それですっかり喜悦の心持ちと共に安心感を感じて、もう完全にできたと思う考え方を抱く人がある。

これがいけないのである。これは遠慮なくいうと軽率な自己判断である。

過去の話であるが、終戦前に兄弟二人で入会し、二人とも相当熱心に来会しているうちに、兄なる人のほうがとかく講習会に出席しなくなったので、弟が出席を誘いにいくと、

「おれはもうすっかりわかって完全に卒業したから、そうちょいちょい行かなくともよい」

と傲然《ごうぜん》といって、弟の熱心な誘いにも応じなくなった。弟は兄のこの様子にすこぶる失望を感じたものの、尊属のことでもあり強いることもできずにいるうち、何と兄なる人は、ふとした軽い感冒《かんぼう》におかされたのが原因で、結局急性の肺炎でついに落命してしまった。

後日その当時の看護の人々の話によると、感冒のための発熱の際など、これがかりにも人生教義は卒業したと平素悟ったように豪語していた人かと訝《いぶか》しく思われるほど神経過敏になり、看護の人々も呆れたほど心の弱さを曝露《ばくろ》していたとの

ことであった。

　これは古い仏道の説教の語句の中にも厳しく戒めてある通り、

「悟れたと思った時が迷いなり」

　というのに該当する。

　というのは、人生には、もう完全に理解したとか、あるいは卒業したとかいうことはありえないのである。

　否、断然ありえないのが人生である。

　否、否、人生とはそんな単純なものではないのである。

　現にいつも講演のとき話す通り、あの当時世人から「いきぼとけ」とまで尊ばれ、禅家の名僧であった石川素童《いしかわそどう》師ですら、六十五歳のときに天風会に杉浦重剛《すぎうらじゅうごう》先輩の紹介で入会されたとき、いまだ素童禅師よりも三十以上も若年であった筆者が「貴僧はすでに**悟入《ごにゅう》徹底**の方とお見受けするが、何の必要があって後輩者の説を聴こうとされるのですか？」と質問したところ、率直に「悟入徹底未《いま》だし、況《いわ》んや教法の実行に

悟入徹底＝すっかり悟りの境地に入ったさま

於てをや」と明瞭にいわれて、さらには「人生というものは、なかなかもって悟れるものではござらん」としみじみといわれて、実にお亡くなりになる間近まで杉浦先輩と同伴で、熱心に聴講されていた。

実際、その真理に対する謙虚な態度は、演壇上から思わず合掌《がっしょう》したい気持ちにしばしばならされたという、私には価値の高い思い出がある。

そして私の降壇後、親しく私の傍らに来られて恭《うやうや》しく合掌礼拝されて、「今日もまた有り難いかな、煩悩心が洗われました」と心の底から感謝されるには、当時まだ若輩だった私は、思わず内心忸怩《じくじ》たるものをしばしば感じ、いっそう自己の研修心に拍車《はくしゃ》をかけたものである。

事実において、こういうえらい人というものは、決してできたとか、あるいは徹底したとかということを、かりそめにも口にしない。

およそ人生道に果てなしということを充分に悟られている

忸怩＝恥じ入るさま

からで、それもこれも、要約すれば、前掲の箴言に記載してある通り、人の一番大切な、心の働きを左右する「感応性能」なるものが、その積極化を強要する点において、何らの限度がないからである。

換言すれば、久劫《くごう》永遠の宇宙生命と相対比例の下に、まことにそれは驚異に値する無限的な存在以上の実在であるがためである。

さすれば、普通の場合、ともすれば忘れられがちな、人生の大消息を思いを新たにしてさらに心に受け入れ、さらにひとしおの努力に鞭《むち》打って、感応性能をいやが上にも正確かつ鋭敏にして、真実の積極化を現実化し、そして的確に把握することのできる人生の幸福を、わがものにしていこうではないか。

天風30箴言

反省という事は自己自身を
正しく進歩向上せしむる
人生の最良なる要諦である

箴言三十

反省という事は　自己自身を正しく進歩向上せしむる
人生の最良なる要諦である

Reflection is the best means of life to advance and improve rightly ourselves.

この箴言もまた文字通りきわめて慎重に考えるべき人生問題である。

私の教義の中に、精神生命の生存態度を積極的に堅持するための実際方法の一つとして、積極的観念の養成法という一項目を設定してある。

そしてその第一に内省検討、第二に暗示の分析ということを論述している。

これも要するに「反省」ということと人生との関係に、決しておろそかにできないものが多々あるがためである。

仔細に看察すれば直ちに納得のできることだが、およそ正当にして確実な反省というものがあってこそ、人生の諸般《しょはん》のことは現実に進歩もし、また向上もするのであり、反省ということなしに、「訂正」とか「是正」というような大切なこ

諸般＝いろいろ

とは、望んでもとうてい得られないのである。

ところがこの重要な消息を現代の世の概ね多くの人は、案外気付いていないかのような傾向が実際に事実においてある。

要言すれば、自己の進歩と向上とを誰しもが相当熱望していながら、存外ほんとうに進歩と向上を現実になし得ている人が少ないのは、この反省というゴールデンキーを多分に度外視するか、もしくは蔑《ないがし》ろにしているのに起因する。

中でも特に思慮の浅い軽率な人は、わずか数回の試みで自分の思うような実績なり成果をあげられないような場合、その欠点なり短所を反省しなければならない場合であるにもかかわらず、全然それを意に介さずに、「自分はダメだ」とか「自分にこのことは合っていない」とかと、きわめて**第二義**的な価値のない自己判定を、いささかも間違っていないとあえて断定して、それを放棄するか断念してしまう。

実際私は、この種類の人をかなり多く見聞している。

第二義＝根本の意義ではないこと

これは要約すれば、先般行った修練会の**真理瞑想行**の「悟《ご》入諦目《にゅうていもく》」（人間の本来の面目《めんぼく》）という大切なことを、正しく自覚していないからである。

修練会に参加した人々は、私のその垂迹《すいじゃく》の言葉の中に、こういうのがあったのをはっきり記憶されていると確信する。

それはすなわち、「人間が生まれながら賦与されている可能力なるものは、極端な例は除いて、その**煥発**《かんぱつ》の方法が合理的であれば、正に驚異に値する高度なものを現実に発現するものである」といったことである。そしてそのとき、次のようなことも付言した。

「ところが現代の文化人の大部分は、この尊厳なる真理と事実に対して、情けないほど無自覚で、いささかも自己の可能力を煥発しようとしないで、『やれ自分はこのことは得手だがあのことは苦手だ』とか、あるいは『いくら一生懸命にやってもできないのだからこのことは自分の性に合わないのだ』とか、また中には、『人間にはそれぞれの生まれつきと

真理瞑想行＝安定打坐体勢で真理を聞く行修
煥発＝輝き現れること

いうものがあるから、能力もまたそれにしたがって差があるのが必然だ』と、さもそれが何ら間違いのない正論のように自説に固執して、真理から断定すると、むしろ嗤《わら》うべきほど陳腐《ちんぷ》で杜撰《ずさん》な**曲論**《きょくろん》や、独りよがりのこじつけの駄説《だせつ》を**喋々**《ちょうちょう》として述べて、自分を弁護しようとする人が多い。

そしてその種の人々に限って、自分の能力全体量の半分も使っていない。すなわち自己の可能力をフルに使っているつもりで、実はせいぜいその四割内外くらいしか使っていない。

いいかえれば自己の能力を完全に使わないで自己の能力を批判するという軽率をあえて行っていて、しかも気付かないのである」

しかしこの点は充分かつ慎重に考慮する必要がある。それには、修練会の真理瞑想行の際、私が親しく皆さんに垂迹した要項を参照するのが一番近道である。すなわち「人間の本来の面目」を説示したとき、「人の本来の面目は創造的なも

曲論＝正しくないことを正しいかのように曲げる論

喋々＝よくしゃべるさま

のである。そのゆえに人間が万物の霊長としていっさいの生物を凌駕《りょうが》して優秀なる能力を、生まれながらに賦与されているのはこれあるがためである。しかも特におろそかにできないことは、その賦与量はいささかも差別のない公平なものである。そしてこれぞまことに犯すことのできない宇宙真理なのである」と説破した。

したがってこの一事を考量《こうりょう》されても、あえて多言するまでもなく、自己の現在使用している能力に対する反省が厳格に行われて、その「是正」が確実に施されるなら、いっさいのすべてはことごとく可能に転換され**収握**《しゅうあく》されることも、また必然自明のことと感得されると信ずる。

事実において、反省なき人生に活きる人が多くなればなるほど、この世の進歩も向上も、不本意ながら往々にして空転に終わるべく余儀なくされる。

しかも現代こうした重要な消息に正しい自覚をもっている人のあまりにも少ないのは、憂国の士でなくても嘆かずには

収握＝自分のものとする

いられないのである。

しかし幸いに、わが親愛なる会員諸子はこれ以上詳述《しょうじゅつ》する必要のないほど、私の日頃の垂迹で、人生に絡《から》まるこれらの真理をよく理解されている。それゆえに機会あるごとに反省の要を自己が実行することはもちろん、縁のある人々にも説示して、世の人々の人生に正しい光明《こうみょう》を点ぜられんことを心より熱望する次第である。

詳述＝くわしく述べる

天風31箴言

功徳の布施とは楽しい
そして活いよろこびを人
のこゝろに頒つことである

箴言三十一

功徳《くどく》の布施《ふせ》とは　正しいそして清いよろこびを
人のこころに頒《わか》つことである

この箴言の解説はありません。

あとがき

「心は現在を要す、過ぎたるは追うべからず。来らざるは迎うべからず」と天風先生は、常にさとされて居られた。人生とは、今ここに生きて存在する事実に対する名称である。

だから、只今こそ大事なときであり、今いかに生きるかが大問題である。今をほかにして人生はない。希望に今生きる、精一杯生きる中に真人生《しんじんせい》への展開がはじまる。

人生は正に心一つの置きどころである。思い方考え方が積極か消極かによってその人の活き方に天地の差を生じる。折角お互い人間としてこの世に生を享《う》けた以上、人間としての価値を十分に発揮して、世の中全体の調和のためにその職分職分に応じて生き抜いてこそ生きがいのある人生をわたることとなるのではなかろうか。人あっての自分、自分あっての人の世の中である。ともに譲り合い、助け合い、励まし合い、生かし合う世づくりに生々と立ち向ってこそ真の人間であるのだ。

しかしながら、事のあるのが人生だと言われるとおり、時に気がゆるみ疲れ、よい考えも出ないようなこともある。又病に侵されたり、不運に遭ったりして右往左往することがある。

その時である。開かれ見られよ、この箴言の一言一句を！　この一言一句は必ずやあなたの身に染みてあなたを励まし、力づけてくれるに違いない。そこに、いのちの力の復元があり、新たに甦りくるあなたを発見されることでしょう。

されば、天風先生の作られた珠玉の一言一句を糧《かて》として今日も活力を得て、明日への希望に燃えてともに明るい世の中づくりに励もうではありませんか。今日一日を油断することなく。

平成八年

天風会理事　末吉太郎

●中村天風財団（公益財団法人　天風会）

天風会は、人間が本来生まれながらにもっている「いのちの力」を発揮する具体的な理論と実践論である「心身統一法」の普及啓発を目的とし、大正8年（1919年）に中村天風により創設された公益法人。

全国各地に賛助会を組織し、どなたにも気軽にご参加いただける講習会・行修会など各種セミナーを定期的に開催。

〒112-0012東京都文京区大塚5─40─8
TEL：03─3943─1601／FAX：03─3943─1604
E-mail：info@tempukai.or.jp
URL：https://www.tempukai.or.jp

●本書は、一九九六年七月に小社より刊行されました。

|著者| 中村天風　明治9年（1876年）生まれ。日露戦争の時に軍事スパイとして従事。終戦後結核を発病し心身ともに弱くなったことから人生を深く考えるようになり、人生の真理を求めて欧米を遍歴。一流の哲学者、宗教家を訪ねるが望む答えを得られず、失意のなか帰国を決意。その帰路ヨーガの聖者と出会いヒマラヤの麓で指導を受け、「自分は大宇宙の力と結びついている強い存在だ」という真理を悟ることで、病を克服し運命を切り拓く。帰国後は実業界で活躍するが、大正8年（1919年）、病や煩悩や貧困などに悩まされている人々を救おうと、自らの体験から〝人間のいのち〟の本来の在り方を研究、「心身統一法」を創見し講演活動を開始。その波乱の半生から得た「人生成功の哲学」は、触れる者をたちまち魅了し、皇族、政財界の重鎮をはじめ各界の頂点を極めた幾多の人々が「生涯の師」として心服した。昭和43年（1968年）没後も、天風門人となる者が後を絶たない。

真理《しんり》のひびき　天風哲人《てんぷうてつじん》 新箴言註釈《しんしんげんちゅうしゃく》

中村天風《なかむらてんぷう》

2022年6月15日第1刷発行

講談社文庫
定価はカバーに
表示してあります

発行者――鈴木章一
発行所――株式会社　講談社
東京都文京区音羽2-12-21　〒112-8001
電話　出版（03）5395-3510
　　　販売（03）5395-5817
　　　業務（03）5395-3615

KODANSHA

デザイン―菊地信義
本文データ制作―講談社デジタル製作
印刷―――株式会社KPSプロダクツ
製本―――株式会社国宝社

Printed in Japan

ISBN978-4-06-528252-6

講談社文庫刊行の辞

二十一世紀の到来を目睫に望みながら、われわれはいま、人類史上かつて例を見ない巨大な転換期をむかえようとしている。

世界も、日本も、激動の予兆に対する期待とおののきを内に蔵して、未知の時代に歩み入ろうとしている。このときにあたり、創業の人野間清治の「ナショナル・エデュケイター」への志を現代に甦らせようと意図して、われわれはここに古今の文芸作品はいうまでもなく、ひろく人文・社会・自然の諸科学から東西の名著を網羅する、新しい綜合文庫の発刊を決意した。

激動の転換期はまた断絶の時代である。われわれは戦後二十五年間の出版文化のありかたへの深い反省をこめて、この断絶の時代にあえて人間的な持続を求めようとする。いたずらに浮薄な商業主義のあだ花を追い求めることなく、長期にわたって良書に生命をあたえようとつとめるところにしか、今後の出版文化の真の繁栄はあり得ないと信じるからである。

同時にわれわれはこの綜合文庫の刊行を通じて、人文・社会・自然の諸科学が、結局人間の学にほかならないことを立証しようと願っている。かつて知識とは、「汝自身を知る」ことにつきていた。現代社会の瑣末な情報の氾濫のなかから、力強い知識の源泉を掘り起し、技術文明のただなかに、生きた人間の姿を復活させること。それこそわれわれの切なる希求である。

われわれは権威に盲従せず、俗流に媚びることなく、渾然一体となって日本の「草の根」をかたちづくる若く新しい世代の人々に、心をこめてこの新しい綜合文庫をおくり届けたい。それは知識の泉であるとともに感受性のふるさとであり、もっとも有機的に組織され、社会に開かれた万人のための大学をめざしている。大方の支援と協力を衷心より切望してやまない。

一九七一年七月

野間省一